大展好書 好書大展

大展好書 好書大展

社會人智囊

60

這趟人生怎麼走

李奕盛／編著

大展出版社有限公司

序言

今天要怎麼過？今天應該要做些什麼事？有些人對事總喜歡拖拖拉拉，一個沒有先見性或計劃性的人生，將會是一個老是受到牽制的人生。

人生苦短，過去的一切只會使你無法輕鬆。生活最重要的，是把握住每一分每一秒，盡力而為。隨時凝視事情的下一步，在小心踏出每一步的同時，建立一個積極的意識，為自己開拓一條屬於自己的人生道路。

有些人總以為談人生的事，就等於自己老了一樣，而覺得趁年輕應該及時享樂。娛樂享受乃是人之常情，可是光談這些，而沈溺其中，必有「盛年不再來，老大徒傷悲」之嘆。

「莫定人生的基礎」，話說來簡單，其實不然。人生的價值感常因為各人的心情而改變。外在的狀況和環境並沒有太大的差異，會發生重大不同的，是人的心情。

目前是個資訊爆發的時代，由於社會的各項競爭激烈，有些人不免懷疑人生的意義：「人生儘是在製造些痛苦的回憶而已，如此痛苦地忙碌著，到底又是為了什麼？」

人為什麼要生活下去，或許其答案不一而足，但是，有一個很確定的因素是，至少人是在為了自己的成長而活的。

世界經濟泡沫化的現在，你或許會懷念過去的一些美好時光。可是，在現實的生活中，是沒有回顧過去、懷念過去的閒情逸致的。現實中最重要的課題是，拋棄過去的種種，明白地認清目前處境，努力面對挑戰。

《這趟人生怎麼走》內容包括人生、工作、友情、境遇、幸福、健康六章，每頁為一短篇自我策勵集，您可以由第一頁順序閱讀到最後頁，也可隨興翻閱每一頁，不受篇幅限制。相信本書必能成為您繁忙生活中的心靈補給品。

目錄

第一章　人生・這趟人生怎麼走？

第二章　工作・

第三章　友情・

第四章　境遇・

第五章 幸福‧

第一章　人生

・這趟人生怎麼走？

惟有曾歷經過冰霜者，惟感陽光之溫暖！惟有受困過人生之苦惱者，惟知生命之尊貴。

——美國詩人 霍曼

如此個性，沒辦法

自己的人生自己負責

某些人一遇到失敗或挫折時，總喜歡找一些理由來規避事實。譬如說：「我的個性天生如此，又有什麼辦法呢？」可是老這樣下去，永遠是不會進步的。久而久之，甚至會被周遭的人看不起，而遭排棄。

英國的詩人——愛德曼說：「人生好比是一塊石材，可以雕塑成神，也可以雕塑成惡魔，但憑各人的自由。」

人生要怎麼走，這也是各人的自由，而且是各負其責。

因此，要以對自我負責的態度自知自覺，決意爲創造自我的人生積極奮鬥。現在開始並不遲，只要努力實行。

自己做的事一點也不實在

人生要有自信

「我經常會感到自己正在做事情很不實在。難道我真的會是如此虛無飄渺地過一生嗎?」

人生的價值感會因爲各人的心情而改變。外在的狀況和環境並沒有太大的差異,而會發生重大不同的是,人的心情。

德國的哲學家——蕭邦・哈威爾說:「這個世界,對悲慘者來說永遠充滿悲慘;對空虛者來說永遠空虛!」

人生應該是充滿自信的。踏出人生的每一步,用新鮮明朗的心情去迎接每一天並且全力以赴。

真不想留戀這個人生

擦乾眼淚積極活下去

「我已經心灰意冷，人生對我已經沒有什麼好留戀的了……。」

一位受到失戀打擊的人，哽咽地這樣說。

在這種時候，無論怎麼說，都沒有辦法讓當事者得到安慰的。可是，從某個角度來說，至少這是他人生中一項非常寶貴的經驗。

德國的作家——凱第說：「如果不是嚐過麵包和呑淚的人，就不知道人生的味道。」

能夠了解他人心痛的事，才能更體諒別人。

要讓自己成爲一位心地善良會體諒別人的人。如此一定會受到喜愛，用不著再要擦眼淚了。

我希望能快樂的活下去

人生無苦惱，庸人自擾之

「我真的快受不了了。我絕對不是為了嚐盡人生的痛苦而生的，我要更快樂地活下去！」

一位覺得自己的人生充滿苦澀的人，最後這樣地吶喊著，試圖規避事實。

人，誰都有想要能更舒服地享受人生的心情。可是光是這樣地幻想，人是永遠不會進步的。惟有努力去克服一切的不如意，人才能真正的成長。

美國詩人——霍曼曾經這樣地說：「惟有曾歷經過冰霜者，惟感陽光之溫暖；惟有受困過人生之苦惱者，惟知生命之尊貴。」

用不著逃避苦惱，而把一切的苦惱都認為是為了鍛鍊自己的考驗，而積極、果敢地擔當起來，這才是最重要的。以天將降大任於我的自負，接受一切環境的挑戰。

只要越過一切勞苦的關卡，就能享受到真正的愉悅。

但願此生能長久

過一個有意義的人生

「我隨時都非常關心身體的健康，因爲我希望能長生不老。」

有些人每天盡是想著一些如何才能使自己延年益壽、長生不死的事。殊不知光想這種未來大家都不能確定的事，真是一點用處也沒有。

最重要的，應該是現在要如何好好地活下去。

羅馬的哲學家——薛奈卡說：「問題並不在於如何長生不老，而是在於要如何才能活得有意義。」

換言之，人生的價値，不在於其長短，而在於其內容。

因此，我們應該考慮的是今後要如何活下去。而最重要的不外乎是，要有目的地活下去。

不願為公司而犧牲人生

在公司中努力自我實現

「我的每一天幾乎有大半的時間都是耗在公司裡。換言之，我大半的人生都將在公司裡渡過。難道我的人生就注定要葬送在公司嗎？」

也許有很多人都將對今後的公司生活，抱有很大的疑問。

人生應該是為了自己的人生。公司或工作，畢竟只是為了要達成自我目的一種管道。

法國的思想家——盧梭認為：生命指的應該是行為，而非呼吸。透過公司和工作來實現某些事情，才是一位社會人的生活之道。

不過，必須要注意的是，每一天都要過得有目的、很充實，絕不是茫然地混日子。

日子在同樣反覆的工作中消逝

現在的努力是未來的基礎

「每天的工作總是在同樣的模式中反覆地重複，生命也就這樣一年又一年地逝去。難道自己的人生就只有這樣了嗎？」

回顧自己的人生，有人曾經這麼說。

如果工作的內容是沒有辦法改變，那麼只有改變自己的想法。確定目標、建立計畫、積極地實行。

這不應該是一種被強制的行爲，所以必須要有堅定的意志奮鬥下去。日本的細菌學家——野口英世說：「人在四十歲以前，必須爲自己的人生打好基礎。」

「奠定人生的基礎」，話說來簡單，事實不然。必須腳踏實地、孜孜不倦地努力，才能有所成就。

相信，在陽光背後所做的努力，終會有令人刮目相看的成果展現。

我自己做不了主……

走自己相信的道路

「喂！你看該怎麼辦才好呢？是不是應該照他的意見去做呢？」

有些人遇到需要下決定做判斷的事，總是像這樣到處徵詢別人的意見。向別人請益這件事本身並無不妥，但最終的決定應該要自己來做判斷。別人講的話，畢竟用不著負責。

反過來說，正因爲說話可以不必負責，所以才言所欲言。千萬別忘了，自己的事，最後還是自己要負責的。

日本的政治家——西鄉隆盛說：「何必求人，不如問天。」

周遭的意見，有時反而會擾亂自我的心思，自己應該走自己所最堅信的路。

爲此，則必須要有準確的判斷能力和客觀的思考。要鍛鍊使自己能夠有自信地做決斷。

有事明天再做……

不要冀望有明天

「有事情，交待一次就好了！用不著這樣三番兩次地叮嚀，明天我會把它辦好的。」

有些人對事總喜歡拖拉，並且經常把別人的叮嚀，以爲是囉嗦或故意找碴。重要的事，應該要馬上實行。「明天才做也不遲嘛！」這種態度是不可以的。

要是公司也是這樣，凡事都等明天再做，例如，公司的老闆對你說：「這個月生意不好，薪水的事稍待幾天再說吧！」試想當事者的你，心中會做何感想呢？

日本淨土真宗的開山祖師，親鸞的一句名言說：「常思明日，心之仇樓，夜半山風吹不透。」

明天會怎麼樣，沒有人會知道。珍惜今天一天既有的生命，積極地處理所面對的每件事。今日事今日畢，每天下班後您都將會很有充實感。

希望現在能多玩一點

儘早建立人生計劃

「人生計劃的事，現在談未免太早了！目前只要做自己想要做的事就好了！」

有些人的觀念總以爲談人生的事就等於是自己老了一樣，而覺得趁年輕應該要及時歡樂。

娛樂享受也是人之常情，可是光談這些是不可以的。除了娛樂之外，應該還有許多必須要做的事。

陶淵明說：「盛年不重來，一日難再晨。」

人生應該及時努力，趁現在就要做好人生的計劃。這種事永遠不嫌早。

因爲是自己的人生，所以要認真地考慮，好好地把握現在。

以後的事現在想也沒用

人生應該要洞燭機先

「未來的事想也沒有用，反正人是不可能預知未來的。」

有些人就是這樣，凡事聽天由命地在過他的人生。

因爲不知道，所以就拒絕行動，這是非常要不得的，正因爲是不知道，所以才要非做不可。

拿破崙說：「我經常是活在思考二年後的事裡。」

一個沒有先見性或計劃性的人生，將會是一個老是受到牽制的人生。

隨時凝視事情的下一步，建立一個積極向前進取的意識是非常重要的。

在小心踏出每一個步伐的同時，一併注意下一步、下二步的未來，爲自己開拓一條屬於自己的人生道路。

生活要怎麼過才好呢？

讓每一天都過得不後悔

「人生想來也真漫長，今後應該怎麼過好呢？」有人聽天由命，隨世浮沈地過日子，可是，也有人每天爲以後不得不過的日子而煩惱。

再長久的歲月，畢竟還是由一天一夜、一分一秒累積起來的。因此，問題應該是每一天要如何去過才對。

德國的作家——鮑威爾說：「人生好比一本書，愚者只是不經意地翻翻了事，賢者則會聚精會神地研讀。」

生活最重要的是，把握住每一分一秒，盡力而爲。千萬別以爲人生漫長，而就可以隨意忽視一日的時光。

今天要怎麼過？今天應該要做些什麼事？在要迎接即將來臨的每天，心中應該要有計劃，並積極地付諸行動實行，讓人生的每一天都過得無怨無悔。

難道生活本身就是這麼虛無嗎？

燃起意慾向希望挑戰

「雖然我每天都很積極地工作，但卻沒有一點滿足感。我很懷疑，到底我是在忙些什麼？」

覺得生活空虛的人，經常會這麼說。

人透過工作而習得技術、知識，可是，對精神的鍛鍊卻意外的疏忽。技術可以傳授，但精神面的教育卻不是一件容易的事。

德國的哲學家——弗伊巴合說：「所謂人生，是精神的生殖作用。」要鍛鍊使精神向上，必須要有堅強的自我意志。燃起意慾，積極地面對工作的挑戰，人生應該是不會有空虛之感才對。

若是覺得空虛，就應當反省檢視自我的精神狀態，去呼吸一下新鮮的空氣。

希望人生能過得非凡

拋棄表面的虛假

「人生就這樣平淡無奇嗎？難道就沒有辦法過得好一點嗎？」

不滿現狀又不滿未來的人，經常會這麼說。

雖然生活是應該要隨時抱有強烈的上進心，而不可以安於現狀，但是，平凡的人生也未必是不好。

德國的作家——海德拉說：「平凡的人生才是真正人生。唯有在遠離虛飾、特異的地方，才能找到真實。」

因此，要緊的是隨時保有向上的心，腳踏實地地努力。

人生努力的目標並不在於追求富麗堂皇的人生，而應該是腳踏實地，內涵充實的人生。一切外表的裝飾，一點也不需要。

真懷念過去的學生時代

不要眷戀過去

「想起從前做學生的時候，真是叫人懷念啊！那時候真好……。」許多人在回想到學生時代的情景時，都會這樣說。

可是，時光是不會倒流的。誰也沒有辦法回到過去。同樣地，現在的情景，也馬上就會變成無法挽回的過去。

法國的作家——羅蘭說：「人生的旅程是沒有來回票的。一旦出發了，就再也回不來。」

任憑你再如何地懷念或後悔，時光都不會倒回。人，誰都沒有辦法再來一次同樣的時間。

所以，現在才是最可貴的，應該全力以赴。與其眷戀過去，不如正視現在，積極行動。

不知道要如何才好……

建立人生的目標

「真不知道自己要如何是好？日子一天一天地過去，而自己卻依然故我，一事無成。」

有人就曾經這樣洩氣地自怨自艾。

原因很淸楚，說明白一點，就是生活沒有目標。因爲沒有目標，所以就想不出有什麼應該做的事。

英國的思想家——卡賴羅說：「沒有目標的人，很快就會凋零。並且一點目的也沒有，倒不如有一點邪惡的目的，那或許會好些。」

目的、目標並非外在的東西可以付出的。它完全必須要靠人自己去製造。有了目標，就會有計劃，然後就會去實行。

首先，就是要揭示人生的目標，然後有目的地行動。如此，自然就會湧出意慾和幹勁。

為什麼努力學習但卻得不到評價

知識會因行動而發出光輝

「再怎麼努力，就是沒有辦法得到適度的評價。這樣，努力又有什麼用呢？」

有人總會因得不到別人的賞識而這樣地發牢騷。

努力學習應該是要爲自己而做的，不是就只爲了要得到別人的認同和評價。

又，即使具備有深厚的知識，如果沒有實際地付諸實行，那麼，就等於是無知一般。

英國的生物學家——湯瑪士・莎可士利說：「人生最大的目的是行動，而不是知識。」

因此，要緊的是完全吸收每一個自己所能吸取的知識，並且設法加以活用。經常勉勵自己，將習得的知識付諸於實際的行動，終會有一個令人滿意的成果。

要自己單獨行動就感到害怕

要鍛鍊自己有單獨奮鬥的精神

「或許是經常跟團體一起行動的關係吧！現在，一想起要一個人單獨行動，就覺得心驚膽顫。」

一個老是躲在團體的庇護裡的人，經常會有如此的言論。

可是，人是不可能永遠隨時都生活在集團當中的。不可能永遠有別人可做爲依靠的。

自己的人生，畢竟還是需要靠自己的力量來創造。因此，培養獨立奮鬥的精神是非常需要的。

挪威的北極探險家——南旋說：「人生的第一個要件是發現自我，因此，孤獨與沈思是經常有必要的。」

捨棄倚賴心，自立自強才能引導自己開創更光輝的人生。

我真想放棄理想

追求夢想，不要輕易地向現實妥協

「看來看去，還是當一個領薪水的人最好，每個月都有固定的薪水可拿……。」

他終於決定要放棄夢想而這樣地說。以前他的夢想是，希望擁有一家屬於自己的商店。

換句話說，他爲了五斗米而放棄了理想。

英國的經濟學者──密魯說：「寧爲消瘦的蘇格拉底，也不爲一條肥豬！」

不管最後的結果如何，一個堅持信念，追求自我理想的人，總是顯得光輝耀眼。

要想讓自己的人生充滿光輝，就不可輕易地向現實妥協、放棄夢想。以堅定不移的信念面對一切挑戰，才是人生應有的態度。畢竟人生就只有一次……。

要是跟著他做……

自己的人生自己開創

「要是跟著他做，大概就錯不了吧！」有些人就是這樣，認爲只要跟在前輩的後面有樣學樣，人生就可以很順利地渡過。

可是，只是跟隨在別人的背後模仿，是不會有什麼成就可言的，自己的人生應該自己去開創。

英國的作家——摩姆說：「買了一張車票卻坐上只是在軌道上行走的車子，這種人是不可能了解人生爲何物的。」

擦乾額頭的汗珠，不厭勞苦地開拓自己的人生道路，才能找到人生的喜悅和價值。

不要老是想選擇安逸的道路。失敗或危險並不可怕，要鼓起勇氣以果敢的意識和行動面對各種挑戰。

竟然連那傢伙也超越了我……

最要緊的是繼續努力前進

「竟然連那傢伙也超越了我，我的人生已經沒有希望了！」在發表了人事異動的晚上，或許在路邊的小攤上，會有人這樣地藉酒消愁。

雖然在旁的朋友極力地給予安慰，但當事人卻是越說越悲觀。可是，人生是不會這樣就結束了的。

希臘的寓言作家——伊索（伊索寓言的作者）說：「一步一步地走，一步一步地邁向勝利。」

消極悲觀、自哎自嘆，只是在浪費時間。

腳踏實地，一步接一步地努力才是最重要的事。不必在乎別人的成就，自己的人生，自己開創。

不要停下自己努力向前的腳步，你就將會成爲人生的勝利者。

沒有什麼希望做的事……

找出自己想要做的事

「最怕有人問我希望做什麼事，因爲，我實在想不出我有什麼特別想要去做的事。」

聽到這些話，實在令人感覺不出當事者的心中還會有什麼意慾。

人生就只有一次，應該要有目的、有意義地渡過才對啊！

瑞士的詩人——福斯凱利說：「趁燈火還在燃燒的時候盡情享受人生，趁薔薇尚未凋萎時，摘下艷麗的花朵。」

首先，要明確地找出自己有什麼希望想要做的事，然後及時地實行。

燃起心中的意慾，有目的地渡過人生的每一天。自覺自我的人生是充滿著無限的可能性和責任，同時要努力地追求自我的實現。

討厭競爭的事……

至少要有與自己戰鬥的鬥志

「請再也不要對我提起要競爭的事。別人怎樣那是他家的事，而我就是我。我要的是悠悠哉哉的生活！」

或許要和別人比較高下的事會令人受不了，可是，拒絕比較的同時，有時也會壓抑了自我的成長。

人是可以逃避競爭的，可是卻逃避不了痛苦和困難。

希臘哲人——伊比賢托斯（斯多亞學派）說：「人之一生是一場戰役，而且是一場多災多難的長期戰役。」

既然生而爲人，誰也不能退出這場人生的競技場，而且必須要繼續戰鬥下去。

誠然，我們並不需要去在意別人的事情，但也不可以不去理會要跟自己戰鬥的事。重要的就是要燃起人生的鬥志。

但願生活無事一身輕

激起對人生的情熱

「與其多一事，不如少一事，有危險的事最好少插手。」

有人就是喜歡這樣凡事與我何干地、冷漠地過日子。

回顧歷史，先人們光輝燦爛的生活榜樣歷歷可見。這些人無不都是對人生充滿熱心，積極奮鬥。

有人說：「人生就是因爲有戰鬥而顯得更美好。」

我們必須學習先人們的奮鬥心和對生活的熱情，努力奮鬥使自己的人生更加輝煌。

燃起心中的鬥志，人生絕沒有什麼危險和困難。

受傷或跌倒一點都不可怕，人生應該是要不斷向生活挑戰。人生是否光輝燦爛，完全要看自己。

如此活下去又有什麼意義呢？

充滿朝氣迎接每天的晨曦

「哎！人生儘是苦差事，如此活下去，又有什麼用呢？」

一個很清楚自殺時的心境的人，這樣地說。

在自殺者的背後，或許會有許許多多足以導致自殺的理由，但是不管有什麼樣的狀況或理由，一個人自己去選擇死亡，終究是錯的。

澳大利亞的劇作家——葛利魯巴扎說：「能夠活下去，是人生的最高目標。」

唯有繼續活下去，才能品味人生的喜悅和苦澀。而這種苦澀正是人生的意義。

生活最要緊的事之一，就是要有堅忍不拔活下去的毅力。堅信明天一定會更好，用充滿朝氣、健康的自我，去迎接每一天的晨曦。

為什麼我的人生總是不如意

衝破逆境克服困難

「啊！爲什麼事情總是不能像我想像地那樣進行呢？」

有人經常這樣自艾自嘆！

其實，人生不如意十常八九。正因爲如此，人才會思考、努力，在錯誤中使自己成長。

英國的劇作家——莎士比亞說：「人生是一程不安定的航海。」幾經多次的迂迴曲折，而後始能走出自己的人生道路。當然也有必須面對洶湧波浪的時候。

然而，既然是航海就注定會有浪濤的。害怕波浪，就沒有資格航海。不怕波濤洶湧，就沒有突破穿越波濤的勇氣和決心。人生是沒有嘆息的空間，拿出勇氣，振奮氣力，克服困難才是生活之道。

要是事先能想清楚就好了……

用積極向前的態勢走出人生的每一步

「要是早就考慮清楚才做，事情也不致淪落到這種慘境……。」

當一個行動不能得到預期的結果時，經常會有人這樣地反省自己。

思考，確實是非常有必要的，但若因過慮而導致不敢付諸行動，那可就不妥了。

英國的文學家——莎米耶爾說：「思慮辨別雖然給人安全，但往往不能給人幸福。」

反省是有必要的，但是一味地後悔或畏怯則是不應該的。所以要以積極前進的態勢來迎接人生。

行動要隨時保持積極性。

抱著頭趴在桌上，終究不會有什麼好結果的。

為什麼每天除了痛苦還是痛苦

找出生活的喜悅

「真不知快樂爲何物，每天除了痛苦之外還是痛苦……。」有一個人很沮喪地訴苦著。

樂趣是沒有辦法施捨的。既然如此，那就非自己去尋找不可。人生沒有快樂和喜悅，那將是多麼索然無味啊！

英國的作家——史哥德說：「沒有喜悅的人生，好比是沒有油的燈。」因此，要緊的是找出生命的喜悅。找出任何一件可以令你熱衷得忘記時光消逝，渾然忘我的事。

只埋怨生活痛苦，環境並不會因此而改變。人生就只有這麼一次，不是更應該敞開胸懷，更快樂、更有朝氣地活下去嗎？

不知道要如何生活？

向時代學習生活的本質

「人生應該如何生活下去呢？不知道有沒有什麼好方法？」有這種煩惱的人，大概不少吧！

但是，生活的方法，就好比是人一樣，是各式各樣都有。羅馬的哲學家——史奈迦說：「要學習如何生活，那是需要人的全生涯。」

於是，最貴重的資料就是傳記。就是學習先人們的生活方式。

或許有人會認爲時代不同而不予贊同。其實不然，我們是要以先人爲榜樣，學習他們的生活本質，以最適合自己的方法加以實踐。

煩惱是找不到解答的。人生應該要有隨機應變的柔軟性，用不著固執一途。

為什麼人家都不理我呢？

不急、不躁，按部就班腳踏實地

「為什麼，我好像總是被人家冷落似地……。」有人會不安地這樣說。

遇到這種時候，首先就是不要急躁。想一想以後的人生還很長遠，心中自然沈著安靜。

在日本德川家康的遺訓中就有一句話說：「人之一生，好比要負重行遠路，急不得！」

用不著匆匆忙忙地趕路，一步一步踏實地走，才是最重要的。

生活不要只貪圖眼前的事物，應該要抱定堅強的信念腳踏實地地前進。

用不著在意周圍的事物，只要認清自己的方向，繼續做自己應該做的事。慌張、焦躁是不可能得到好結果的。

不知道別人是怎麼在看我

人生應該坦坦蕩蕩

「不知道別人對我是作如何想法？一想到這個問題，就令我渾身不自在。」

有這種煩惱的人或許不少吧！

一個人，要是每天都爲此而苦惱，那麼，他每天的生活勢必都過得非常痛苦。

其實人生應該放鬆自己，用不著刻意地僞裝自己。不要虛僞的裝飾，一切坦蕩蕩地生活下去，自然就可以無所畏、無所懼了。

法國的哲學家——康德說：「不要藏腹，人生可以坦蕩直行。」

再如何刻意的裝飾，早晚都會脫落。與其如此，又何不自己擱下外表的修飾。

堅持信念，向自己的道路前進，不要讓周圍的評判擾亂了既定的心意。

我沒有時間想別的事

人生的際遇沒有第二次

「我個人很重視成功或失敗的事，所以我一向很專心從事每一件工作，現在我根本沒有多餘的時間來管其他的事。」

有的人，就是以這種心態來面對勝負的挑戰。

當然這樣的做事態度，的確是非常值得欽佩的，可是這種心態一旦過份強烈，往往會使人因而變得視野狹小。

人，應該像是一座帶有好幾支接受天線的收視器。人，應該要多去關心各種事物。

德國詩人——卡洛莎說：「人生就像是一場邂逅，這種際遇是沒有第二次的。」

對於每一個人生的際遇都要好好地把握，人才能不斷地成長。更積極的作法是，自己要主動出擊去尋求這些際遇。

向人生的四面八方伸出天線，積極地捕捉各種機會，使人生過得更多彩多姿。

老是想不出什麼好構想

早睡早起精神好

「不知怎麼搞的，最近腦子一片混沌，老是想不出什麼好構想。」隻身枯坐在同事都已經下班離去的辦公室中，絞盡腦汁想事情的人，這樣地嘆息著。

既然想不出好構想，那何不乾脆早點回家休息，把當天的疲勞消除掉。讓身心都能夠得到充分的休息，好讓自己能夠有充沛的精力來迎接明天。或許隔天早上就會想到什麼主意也說不定。

英國詩人——布萊克說：「早上思考、白天行動、傍晚用餐、晚上睡覺。」

當身體帶著睡意和疲勞時，即使再努力，都不可能想出什麼好構想。只會徒然增加疲勞的蓄積。

有事要思考時，前晚早點就寢而隔天早點起床，用清新的心情來迎接早晨的到來，然後再啓動你的思考看看，或許你將會想到更好的構想。

找不到適合自己的工作⋯

告訴自己只此一途別無他業

「那怕我費盡心思，用盡各種方法，卻找不到適合我的工作。」

有人在找不到工作時，經常會這樣地辯解。

每當工作遇到了困難，就要考慮換工作的人，即使工作再怎麼換，結果都是一樣。

日本的作家——武者小路實篤說：「我行之道多荊棘，然而生命之道唯此，除外無他途，我將循此道而行。」

遇到困難的壁壘，就想要逃避，人生永遠無法前進。自己應該有除此之外別無他途的自覺，勇敢地面對困難。

一旦突破難關，自己將會更具信心和意慾，而開始進入成長的階段。

我做得很努力，可是……

結果操之在我

「我非常積極地做事，就是沒有什麼結果罷了！」

一位行動派的人，對他的行爲做了這樣的解說。

誠然，沒有行動就不會有結果，但也不能只認爲要有付諸行動就好，而忽視結果。

要是一位經營者有這樣的想法，那麼，他的公司將會很快地陷入倒閉的危機中。

英國的劇作家——巴葛士頓說：「人生猶如下西洋棋，唯有用心惟能勝利。」

胡闖亂撞似的行動，一定不會得到好結果。積極性和行動力當然是非常重要的，但一旦有行動就必須要隨時意識要得到好的結果。結果的好壞完全操之在我。

或許自己太過於愼重了吧……

凡事要堅信其有成功可能性，全力以赴

「人生就只有這麼一次，我要好好地把握珍惜它。」

即使前面架的是一座鋼筋鐵橋，他還是會懷疑它的安全性，因爲他認爲人生就此一次，非愼重不可。

有時就因爲太過於在乎人生而凡事都謹愼過度。可是人生中總免不了有要閉上眼睛渡過奈何橋的時候。

某評論家說：「總之不要過份看重人生，拋棄身體凡事一心處之。」

遇到人生的難局時，要以不畏不懼、奮不顧身的精神全力以赴。

即使只有一點成功的可能性，也要積極果敢地前進。下定決心和覺悟，一定可以突破難關。

正因爲人生是只此一次，所以更應該不要留下遺憾，全力以赴。

第二章　工作・忍耐艱辛積極奮鬥

人必忠其職守，事不論輕重大小而不怠其責，始為獨立自尊之人

——福澤諭吉
日本評論家

跟不上情況的變化

採取能配合情況的行動

「情況改變了。我到底要怎麼辦才好呢？」

由於環境意外地發生變化，而感到困惑的人，經常會這樣地說。

後悔並不能改變環境，要緊的是，要思考如何應變的方法，並且積極地付諸行動。

爲什麼情況會改變？首先，先要把情況改變的原因找出來。根據它，自然可以找到以後的行動方向。

西班牙的作家——協魯翰弟斯說：「我們必須要臨機應變地行動。」

不要死抱著單一的方法規則不放，儘量收集檢討多方面的方法，從中選擇能適合時機的加以試行。不必害怕失敗，果敢地向環境挑戰，自然可以開拓出自己的道路。

自己拚命地努力卻沒有人知道

不要計較得失

「雖然在私底下我拚命地努力工作，爲別人盡心盡力，可是卻沒有人發現，給我獎勵！」

有些人對自己在工作上的表現，總認爲自己盡心盡力而卻得不到賞識的感覺。

有一件必須要弄清楚的事是，工作到底是爲了誰，爲了什麼目的而做的呢？如果工作最終的目的，只是爲了要求某種形式上的回報，那就不能說是「私底下的盡心盡力」。

法國的哲學家——巴魯喀爾說：「不爲人知的高尚行爲，是最值得尊敬的行爲。」

至於別人是否會給予評價，則是可有可無，無關緊要。與其覬覦別人的評價，不如以對自己的行爲感到有自信和滿足的心理，擇善固執地繼續行動下去。一個行爲的實行不能光是考慮其損益得失的問題。

不經過思考不敢做事……

與其坐而思不如起而行

「好吧！我再考慮看看！」很多人一遇到事情，總喜歡先來個緩兵之計，先考慮考慮再決定做不做。

從另外一個角度來看，這是一種消極的做事態度。爲什麼不當場就說：「好吧！我試試看！」

其實很多事情，根本就用不著考慮的。

遇到事情時最要緊的是要看個人的意慾，也就是有沒有幹勁。問題並不在於能不能做，而是在於要不要做。

瑞士的學者——希爾提說：「事情已經上門了，而還說要再深思一番或再多方徵求意見，這大都是準備推托的藉口。」

先做再說，用不著猶豫。思考的事，在工作進行當中也可以做的呀！總之，就是要趁早著手。

一點幹勁也沒有……

打起精神重新開始

「最近老是覺得整個人懶洋洋地，一點幹勁也沒有。」

有些人經常會有這種感覺。

身體是否懶洋洋這先不管，但一個人如果一點也沒有面對生活的幹勁，那可就是一個很嚴重的問題。沒有幹勁的人，當然就不會想要去工作。

因此，經常會有意想不到的失敗，或應該會成功的事而卻做不成功。

法國的警世家——華爾納魯說：「怠惰是來自持續的無力感。」

要想重新激起工作的幹勁，首先就是讓自己的心理平衡，專心處理眼前的工作，不要在意其他無謂的雜事。

用煥然一新的心情，去迎接每一天的開始。

被吩咐要去做不會做的事時……

要有一定可以勝任的信心

「這種事，我再怎麼努力也做不來，要我做，我說什麼也沒辦法。」

有些人經常會以這種口氣來逃避工作。

的確，工作不可能事事都容易。但是，遇到困難的工作就要設法推托逃避，自己則永遠沒有辦法進步。

日本的文學家——三宅雪嶺說：「把明明會做的認爲自己做不來，結果一定做不成；一件根本沒有把握做成的事，但就因爲自己堅信可以完成，結果真的會順利完成。」

不要一開始就認定自己無法勝任，凡事應該盡全力積極地去嘗試看看。

而且要抱定必勝必成的信念。

捨棄偏見和先入爲主的觀念，用最客觀的心情去面對迎面而來的每一件工作，全力以赴。

為什麼老是找不到好工作……

發牢騷之前，請再反省一下

「我有滿腔的熱情和十足的幹勁，可是怎麼也找不到一份好的工作？」對自己的現狀感到不滿而發牢騷之前，是否應該先再度反省一下自己的一切行為呢？

如果老是坐在家裡發牢騷，工作是不可能找上門來的。一個人再有工作的幹勁，要是自己不去追求工作，他永遠不可能有好的工作做。

法國的社會學家——珊・西蒙說：「各人依其能力而勞動，並依其勞動而得到回報。」

要緊的是，要盡全力做好每一項被交付的工作，然後透過工作的成就增強自己的能力。

今天的行為是為了要有明天的成果。人生沒有發怨言的空閒。隨時保持向上進取的心。

不應該失敗卻失敗……

凡事疏忽不得

「要是重要的工作，我都是很慎重地處理得很好。我到公司來上班又不是專門來做這些雞毛蒜皮的事！」

有些人偶爾在處理一些小事時，不應該失敗卻做失敗了，經常會這樣地說。

對於公司來說，工作不論大小輕重，每件都是很重要的。就因爲說是一件輕易的事而就隨隨便便地處理，往往就會失敗。

日本的評論家——福澤諭吉說：「人必忠其職守，事不論輕重大小而不怠其責，始爲獨立自尊之人。」

絕對不要輕忽任何一件事情。不管什麼樣的工作，都要精神專注全力以赴，疏忽是成功的大敵。

現在的工作一點也不想換

經常要有想要突破現狀的意慾

「對目前的工作我十分滿足。因此，我希望以後也能擁有這個工作，對於其他新的工作，我可是一點興趣也沒有。」

有很多人都是因爲有這樣的想法，而老死守著一個相同的工作。即使社會的大環境已經發生了改變，但他老兄總是依然故我。

可是，如此一來，人將無法適應環境的變化，終究會被時代所淘汰。

德國的詩人──柳克魯德說：「找到了自己的道路是會令人感到滿足，可是一開始就覺得滿足的人，都不會再繼續前進。」

不要安於現狀，隨時要有希望能更上一層樓的企圖心。

保持不斷向上追求的態勢是很重要的事。人生之道或許佈滿荆棘，但是，正因爲可以走過它，所以才讓自己更具有實力。

自己的意見得不到青睞……

口說無憑，做了再說

「我的想法應該沒有錯才對。可是爲什麼一點都不被採用呢？」

有些人當自己的想法不能被別人採納時，都會這樣地自以爲是地鑽牛角尖。

不管有再好的構想，要是不實踐出來，則是一點用處也沒有。光在腦子裡面的思考是沒有用的。

美國的思想家——艾曼森說：「一個沒有實踐的好構想，就好似一個美夢。」

因此，首先就先做看看。有些事表面上看起來很容易，實際上做起來卻意外地困難。

在這樣反覆地實踐中，就能修正使自己的構想，且更具有實踐性，自然也就能吸引大家的眼光。

或許自己的工作錯誤很多但是……

行動要有計劃性

「別人老是批評我做的事情錯誤一大堆，而一點也不替我想想，我是因爲做了那麼多的事情呀！要是都不要做事，那麼就不會有犯錯，不是嗎？……。」

希望別人能給自己的行動好評價的人，經常會用這種論調來企圖淡化自己在行動上的錯失。

行動力，的確是很有必要的，但也不能說因爲要強調行動，就認爲犯錯沒關係。

處理任何事情，隨時都要注意避免錯誤的發生。

德國的軍事家——摩爾德凱說：「先有計劃，然後才實行。」

事先要是沒有完整的計劃，即使再有行動，絕對不會有完美的結果。

沒有好的結果，豈不就等於是糟蹋了難得的行動力。因此，重要的是採取有效的行動。

好像即使努力也不行的樣子……

在每個過程中都要全力以赴

「或許我再怎麼努力也不行吧！業績一點也不見好轉……。」悲觀的人，在自己的工作成果沒有長進時，經常會這樣地自暴自棄。

一個人要是連自己都認爲自己不行，那他的一生就注定是一片黑暗。在戰鬥之前，最要緊的是自己先要戰勝自己才行。也就是要堅信自己一定有成功的把握。

要隨時保有全力向目標衝刺的積極態度。

德國的作家——凱第說：「唯有經常面對一個好的目標，持續地努力奮鬥，最後必能獲救。」

千萬不要對自己灰心，人生應該面對著目標努力前進。不要老是在意結果會如何，把握住過程的一分一秒才是最重要的。

要堅信只要在每一個事情的過程中全力以赴，最後一定會成功的。

為什麼總是達不到目標

向更高一層的目標挑戰

「雖然我拚命地努力，可是卻一直無法達成既定的目標。」有這種煩惱的人，也許不止一人吧！

也就是大概有許多人都認爲自己的確很盡心盡力地在做事，但卻總是得不到一個好結果。

而或許這種現象和目標的設定有很大的關係。通常個人的行動是和目標的位置成正比的。

日本淨土宗的開山祖師——源空說：「對欲掘土一丈之人，應以必掘土丈五勵之。」

把目標設定在較高的位置，並且以相對的行動力，如此勢必能先達成較低標準的目標。

經常要有向更高一層的目標挑戰的決心和行動。心態是成功的動力。

為什麼無關緊要的事老是要我去做

不可忽視眼前的工作

「現在已經身分不同了，爲什麼還老是要我去做一些無關緊要的事呢？」

有些人對被分派的工作覺得不滿意時，會發這樣的牢騷。

事實上，工作的基本態度應該是，對目前自己應該負責的工作，就應該很有責任感地全力以赴。

不管什麼工作都必須盡心盡力地做，使其成功。

日本農政的學者——二宮尊德說：「何須求做大事，小事亦勤奮，不拒其小因而成大。」

每一件事情都實實在在地給予完成，最後自然就會產生一個大結果。

要緊的是，人要有能擔負大事的實力，對於眼前的工作不論其大小都全力以赴。

擔心事情會失敗……

要有必成的信心

「因爲以前曾經有過一次大失敗，所以老覺得這次可能又是兇多吉少，心情一直開朗不起來。」

有的人總是揮不掉過去失敗的陰影，凡事畏畏縮縮地沒有果敢衝刺的氣魄。

沒有因爲以前失敗過，所以這次一定會失敗的理由。要從失敗的經驗中得到教訓、啓示才是重要的。因爲害怕失敗而不做事，是最要不得的。

英國的劇作家——海威頓說：「不攀登者，永不墮落。」

要擁有積極奮鬥的精神。不積極奮鬥，當然就沒有成功的收穫。

不要讓偶然的失敗成爲人生永遠的失敗，因此人生應該要不斷的嘗試。堅定必成的信念，持續不斷地努力奮鬥，才能迎接成功的到來。

在外邊很怕遇到熟人

經驗是導引成功的明燈

「最近做事情老是失敗，乏善可陳，一出門就很怕會遇到熟人。」

這是一個正希望辭掉工作的朋友的心境。

可是，一個人如果就因爲這樣而輕易地離開工作，無異就是承認自己失敗，而且以前他所做過的一切努力，也都將變成泡影消逝而去。

即使有再多麼令人傷心的挫折，都應該把它想做那一切都是爲了明日的嘗試，而積極地把今天的經驗應用到明日的事業上。

美國的雄辯家——亨利說：「我擁有唯一一盞可以引導我的腳步的明燈，那就是經驗的明燈。」

把一切的結果都認爲是自己人生的經驗，拿出勇氣去迎接每一個明天。相信這些經驗有一天終必會開花結果。

為什麼我總是得不到別人的信賴

為對方不辭辛勞

「爲什麼我總是得不到別人的信賴，真不知道應該怎麼辦才好？」

對要被人信任的事情深感困難的人，一定會有這樣的煩惱。

譬如一位業務員，如去拜訪客戶一、二次就想得到客人的信賴，這就未免太高抬自己了。要想得到別人的信賴是需要用相當的心力和時間的。

要是乾坐著煩惱，不如利用時間多到客戶處去做拜訪。多去接觸客戶，去多聽他們的意見。

英國的政治家——愛德曼・巴可說：「一旦得到對方的信任，對方的大門自然爲你而開。」

對於業務員來說，最要緊的是要熱心地勤做拜訪，表現爲對方而不辭辛勞的誠意和行動。

我擔心未來但卻沒被認同

把握今日，著眼未來

「我很鄭重地指出未來的事，但卻沒有一個人同意我的想法。」

有人在會議之後這樣抱怨著。

的確，未來的事是很重要，但更重要的是，今天、明天的事。目前最迫切需要的是什麼，這才是要優先考慮的問題。

換句話說就是，要正視眼前應該要做什麼的問題。

英國的思想家——卡賴爾說：「毫無疑問地，我們最大的工作，並不是在遙遠未來的不明確的事，而應該是近在眼前確實的事。」

要替未來著想的確是有其必要，但我們更應該認識，把握現實，做目前應該要做的事，這才是最重要的事。

別人的事總令我坐立不安

要專心於自己的工作

「別人的工作情形或成果，總會令我在意地坐立不安。」

有些人就是有這種心態，而在上班時老是在工作的時候，在同事的辦公桌間到處轉，到處打聽。

一個人要是能很專心的做自己的事，根本就不會去在意別人的事，再說也根本不可能會有那種空閒。

因此，要緊的是，不管在什麼樣的場合，都要以全力以赴的姿態，專心一意地去處理自己的工作。

法國的詩人——拉佛提奴說：「各自做各自的事，牝牛的事自有人負責。」

不要多管閒事，應該全力專注於目前個人的工作。老是在意別人的事，是不可能做好自己的工作，到頭來只會浪費掉寶貴的時間。

要培養絕不輕易妥協的精神。

公司對我的評價很不好

努力自我改革

「看來我還是換個工作比較好吧！目前聽說上司對我的評價很不好，而且還有很多客戶對我也頗有怨言……。」

一個人想要逃避現實時，總會找出一大堆理由來支持自己的想法。

可是，如果只是因爲上述的理由就辭掉工作，那將很難令人接受。因爲問題的癥結是在個人而不在公司。

就算事實的情況果真如此，問題的起源還不是在當事者自己的身上。

美國的總統——林肯說：「世上只有卑微的人，而無卑賤的職業。」

就因爲人不能夠徹底地了解自我，所以他就沒有辦法認淸眞實的狀況。

在厭倦事實之前，何不先立下一定要改革自己，叫人刮目相看的志氣。

假後上班總令人覺得難過

重新認識自己有工作的權利

「啊！一星期又開始了，真叫人心情沈重！」

假日後第一天上班，很多人都會有這種感覺吧！對這種人來說，工作無異是一種痛苦的化身。可是，之所以會造成這種現象，也是他自己本身的關係。

法國的哲學家——阿蘭說：「勞動是最善也是最惡之事。因其自由勞動所以最善；因其奴隸般地勞動所以最惡。」

總之，是看當事者心態的問題。即使是做同樣的一件事，主事者的心態不同，其結果亦會大有差異。

要緊的是，要捨棄奴隸性的想法。重新認識其實一切工作都是爲了自己的成長。人應該要有積極進取的鬥志，果敢地面對工作的挑戰。

老是為明日之事心煩

不要讓今日留白

「一想到明天的事就心情沈重，不知道明天是否能夠順利過關？」有些人每天一上班工作還沒做幾樣，就開始擔心起明日的事情。明天的事情，光是靠煩惱是解決不了的。與其擔心未知的明日，何不把握既有的今日！

聖經新約全書說：「何須煩惱明日事，明日自有明日煩惱之。一日之勞苦，一日擔當。」

明天終究是一個未來。今天我們應該集中精神和力量做今天應該要做的事。

目前，我們必須要在意的是今天的事情，而不是明天的未來。集中一切來處理今天的事情讓今天過得有意義。

好像自己一點長進也沒有

今天的努力是明天的基礎

「總覺得自己一點長進也沒有，不知道要怎麼辦自己才能成長……。」有些人總是這樣地懷疑自己，成天不是埋頭苦思對策，就是到處找人指點迷津。

人的成長並不是一朝一夕就可以完成的。而必須是重複地累積無數的一天一夜的努力，才可能竟其功。

我們應該認識清楚，人的成長絕不是觸手可及的。英國的物理學者——牛頓說：「要盡全力做好今日之事，明日才能獲得更上一層的進步。」

老是思索有無捷徑便道，最後終必失敗。與其如此不如腳踏實地，盡全力去做好今天所有的工作。今天的努力將會是明日成功的基礎。

也許目前的工作並不適合我

能力是可以由自己創造的

「或許是我個人才能不夠，要不然就是這種工作不適合於我吧！」在工作不如意時，很多人都會有這種想法。

誠然，人對工作是有其適性與不適性的情形，不過，老是在意這種問題，人恐怕都沒有工作做了。

想要縮短能力的差距，除努力之外別無他法。人一能之我十之，持續累積過人幾倍的努力，一定可以提升自我的能力。

戰國，趙的思想家——荀況說：「驥一日千里，駑馬十駕亦及之。」

自認爲沒有能力而心灰意懶的人，絕對無可救藥。正因爲沒有能力，所以就要有不斷努力、持續奮鬥的決心。

很容易受他人的言行影響

擺脫想依賴別人的心態

「喂！下班了，回家吧！有事明天再做也不遲嘛！」

在一個團體中，經常可以聽到同事之間有類似的話。

人應該要有獨立自主不被他人的言語影響的堅強意志。同時，隨時保持強烈的上進心，完成每件工作。不要虎頭蛇尾，一件事情沒告一段落就草草了事。

日本禪僧，澤庵和尚說：「眾人皆退我不退，眾人皆進我已進。」

因爲別人做所以我才做，別人不做所以自己才沒有做，這種依賴他人的心態必須根除。

不管別人的決定如何，自己應該培養即使一個人也要繼續前進的意志。

沒想到事情才做一半就變卦了……

堅持到最後

「我對每一件工作都是盡心盡力，可是往往一開始做得很順，但中途總會發生變卦，而得不到好的結果。」

有些人在事情沒有順利完成時，經常會有這樣的口氣。

儘管過程很順利，但結果卻不好的話，事情終究不能說是成功。相反的，中途的經過並不順利，但卻有一個好結果的情形，並不是沒有。

因爲，人在最後的關頭時，往往會產生強烈的危機感而更小心謹慎，更盡心盡力地來面對事實。相反地，由於開始做得太過順利，到最後反而很容易產生疏忽的心理，而讓事情功敗垂成。

史書『戰國策』中有一句話說：「行百里半九十。」

事情在愈接近完成的階段時，應該要愈加用心用力。

千萬不要因爲前面處理得很順利，而稍有疏忽怠慢的情形。

不知道事情要從何做起

不管如何，第一步一定要先踏出去

「這麼重大的事，實在不是我個人能力所能負擔得起。首先要從那裡開始做起，也不知道！」

第一次接到大任務時，有些人都會這樣地慨嘆。

因爲就是太在意於事情預期的結果，所以，反而會令人感到壓力而遲疑不前。其實再難的事只要每天持續不斷地努力一定可以迎刃而解，因此，只要認清每天應該要做的事，全力以赴就不會有錯了。

老子說：「千里之行始於足下。」

坐而思不如起而行，第一步不踏出去，什麼事情都不可能預期會有結果的。要緊的是，在行進中，要隨時注意前面即將走過的每一步。

腳踏實地、按部就班地做，再大、再困難的事，都可以順利並且完美地解決。

或許再怎麼努力也不行了……

培養堅持戰鬥到底的精神

「雖然我用盡了各種方法支撐到現在，如今我已經無能爲力了，這件事看來只好放棄了。」

有很多人都是在這樣地自我判斷下，中止掉許許多多他曾經盡過很大心力的工作。

可是，半途而廢是非常可惜的。凡事以堅忍不拔的精神和毅力，不完成絕不罷休的態度是非常重要的。

日本的朱子學家——安積艮齋說：「半途而懈，前功盡失。」

爲了不要讓以前的努力和辛勞白白地浪費，就應該勇敢地努力前進。以永不棄械投降的精神，集中所有的氣力放手一搏。

重拾創業之初的勇氣和決心，全力以赴，必定能開拓人生的道路。

好像在背後說我的壞話……

用不著在意別人的謠言

「有些和我處不來的人好像經常在背後散布謠言中傷我，不知道要怎麼做才能防杜那些人的嘴巴？」

有這種想法的人，一看到別人在一起說話，甚至都會覺得坐立不安。何必在意別人說什麼呢？最要緊的是，要徹底地認識自己應該要做的每一件事。明白了自己所要追求的目的，專心地處理工作，即使別人真的在散布不利於自己的謠言，也不會有所在意。

美國第一任總統——華盛頓說：「盡忠職守，默默耕耘，是對中傷最好的回答。」

在意別人的批評或不利自己的謠傳而疑神疑鬼，一點用處也沒有。努力地做自己應該要做的事，日久見人心，事態總有一天會好轉過來的。

最近老是被客戶抱怨……

絕不可說客人的壞話

「最近客戶怨言一大堆，實在令人傷透腦筋。前不久，給客人退換商品的事，事後上級卻又怪罪下來，實在很倒霉。」

遇到這種情形，有些人甚至會開始數落客人。

身爲商品販賣的業務員，很多人都不喜歡接到客人來抱怨和索賠、退換商品的事。不過，在真有這種情況時，應該要拿出更大的誠意來面對客人。

日本的蘭學者——渡邊華山說：「買方不滿意而回來時，要比向其推銷商品時，更客氣地對待他。」

這麼做，才能贏得客人下次再來光臨的機會。在抱怨客人的行爲之前，應該先反省自己所做過的言行。

接待顧客要時常心存感謝，才能開拓新的商機。

有事明天再做吧！

不要老想依賴明天

「唉！今天已經沒有時間了，有事明天再說吧！」

有許多人就是這樣每天一到下班時間，就不管三七二十一急著趕回家。

雖然離下班只有一點點時間，可是爲什麼就沒有再做一件工作試試看的幹勁呢？

要是自己開店營業的人，想必都是那怕只要有一點點的時間，也會要善加利用的吧！一定是拚命地把握今天的每一分一秒，而不願意把事情老往明天拖延吧！

日本的禪僧——懷海禪師說：「一日不作，一日不來。」

不要因爲有明日而就不在意今天的重要。今日事今日畢的意慾和堅強的意志是必要的。

決不輕易地妥協，積極地努力一定可以得到好的結果。

別人的薪水總是比我多……

工作裡應該有比薪水更重要的東西

「有些人沒做多少工作，薪水卻拿得比我多。實在叫人不服氣……。」每當公司發薪水時，總有些人會這樣地抱怨著。

其實再怎麼抱怨，你的薪水也不可能因此而增多。自己應該要做的事，就腳踏實地好好地做，這才是最要緊的。

俄國的作家——托魯斯伊德說：「不勤奮工作的人，貧富強弱與否，一切都只不過是無用的廢物。」

以強烈的工作慾，積極地工作而不應該在意別人薪水的多寡。

工作會增加生活的價值感，同時提高自己的生活能力。因此，重要的並不是薪水多寡的問題，而是自己努力程度深淺的問題。

是否要為追求利益不擇手段

放棄本位主義

「公司的經營方針是沒有利益的事就不做。所以，爲了追求利益就不擇手段。再說要不這樣做，自己的薪水也升不上來……。」

有這種想法的人，他的業績一定是最沒有長進。

因爲太過熱衷於追求利益，往往會因此而忽略許多重要的事。那就是不能有站在對方的立場來做思考或行動的表現。

美國的實業家——亨利福特說：「以奉獻爲主的事業榮盛，以利益爲主的事業必衰敗。」

沒有生意，自然就得不到利益。因此，首先要考慮的是，要怎麼做才可以得到更多、更大的生意。

當然這絕對不是自我本位主義可以成功的事。因此，設身處地地來爲對方著想，理解對方，爲對方盡力，這才是應有之道。

每天都被工作壓得喘不過氣…

追工作而不要被工作追

「每天，老是被工作追趕得連喘口氣，休息的時間也沒有……。」在公司上班的人，有時會望著桌上堆積如山的文件而這樣地嘆息。

人一旦覺得自己已經有被工作壓迫的感覺時，心情就會變得沈重難過。而越發不想積極地去做工作。

又，因爲沒有閒逸的心情，所以，更不可能會有什麼新的發明或構想產生。總之，處在被工作壓迫狀況下的人，舉凡一切他的思考或行動，都是不但不前進而且是往後退。

美國的政治家發明家——富蘭克林說：「人要左右事業而不要被事業所左右。」

經常保持向工作挑戰，積極向前的心是很重要的。同時要隨時保持先發制工作的態勢。那就是走在目前的前一步。

為了錢只好做下去

創造快樂的工作人生

「工作是爲了得到薪水的手段，所以，再苦也只好咬緊牙關做下去！」有些人就是這樣把自己做工作的最終目的，完全都歸於只是爲了錢！

對於這種人來說，工作當然就是一件苦差事了。因爲他永遠無法發現工作在另外一方面的價值。

從而，除了被指派要做的工作外，這種人根本就不會有要向其他事物挑戰的幹勁。

蘇俄的作家——戈利基說：「會覺得工作是快樂的人，其人生是極樂世界，認爲工作是一項義務的人，其人生將宛如地獄！」

認爲做工作是一件不得已的事，這種人一定不會得到好結果，也缺乏意慾。

找出工作中令人喜悅的地方和其嶄新的價值，全力以赴，才能得到成果和充實感。使人生的旅程充滿歡欣。

加班頻繁令人受不了…

提高集中力，有效利用時間

「最近公司老是要加班，真令人快受不了，連一點想去約會的空檔也沒有。」

我們經常聽到有些上班族這樣地慨嘆。

可是，很少會去注意到，原來需要一而再加班的原因，是出在自己的身上。

加班這件事本身並不是件壞事，問題是人對它所採取的態度。加班並不是把時間耗出去就可以的事。

英國的經濟學者說：「工作真正的本質是，一團凝聚在一起的精力。」

如何將有限的時間做最有效的利用，這才是問題的重點。

因此，最重要的是集中力。提高集中力並使之持續保持下去。先設定時間，然後專心地處理工作。

看來這件事又做不下去了⋯

一旦下定決心就要幹到底

「這件事做到這裡，再接下去好像又窒礙不通，看來又只好放棄了⋯⋯。」

有些人就是這樣，稍遇到困難，就讓手中的工作中途而廢。

一旦下定決心要做的事，就不可以隨隨便便地放棄。要面對著目標全力以赴。

每一遇到障礙物就害怕退縮，結果一定是一事無成。既然決定要做的事，就要不到最後誓不休。

有一老農說：「既然掘井，就要掘至泉湧。」

對自己的工作要具有信心，要有一定完成它的決心和毅力。

對自己要有信心。腳踏實地地前進，人生的道路上，誰都不應該自我停下腳步。

第三章　友情

・惟處逆境，惟遇知己

友在順境，有邀才訪；友在逆境，無邀亦訪，此乃真友人！

希臘哲人

——提奧拉斯多士

朋友來求助不知如何是好？

要以信賴相回應

「他目前的處境和心情，我非常地清楚，可是我個人目前的情況也好不到那裡去呀！」

有些人遇到朋友要向他求助時，會面有難色地這樣說。

一個珍惜友情的人，是絕對不會說出類似這樣的話的。反倒是在朋友陷入困難之中需要救援時，會捨身相助。

希臘的寓言作家——伊索說：「在危急存亡之際，不應該信賴會背棄自己之友。」

失掉信賴，就等於是失掉朋友。

對於因爲信賴你而來祈求救助的朋友，應該盡己之可能地來幫助他。心中要常存朋友之「義」，人生之道，很難孤獨而行的。

同事突然來訴苦，怎麼辦？

與其共煩惱並共思對策

「同事突然跑來對我訴說他的困難。事出突然，一時我也不知道該怎麼辦才好。」

對於類似這種突如其來的「麻煩」，很多人都會這樣說。

不管這一位同事與你的親密程度為何，都應該誠心誠意地做他商量的伙伴。絕對不可有因人而異的態度。

德國的思想家——卡那達說：「能夠給每一個人精神支援的人，是人類最大的恩人。」

千萬不可以有差別式的對應態度。對於對方的煩惱要誠心地、仔細地聽取。有時一個人解決不了的問題，二個人一起研究，或許就可以找到解決的對策。

總之，要有能站在對方的立場來看事情，有體諒對方的心情。對有困難的人，不要吝惜伸出援助的手。

學生時代朋友一大堆，可是……

要具備身為社會人的能力

「在學生時代朋友一大堆，沒想到出了社會，卻交不到朋友。這是爲什麼呢？」

這是那些剛出社會的人，最常有的疑問吧！

答案很簡單。原因是由於環境和價值觀都改變了的緣故。例如，在學生時代裡，交朋友這種事，似乎跟學業的成績並無太大的關係。反倒是個人的興趣和社交性比較重要。

可是，一出了社會，成績卻就成爲最主要的關鍵。這和業績不好的公司招不到人的情形是一樣的。

希臘的哲學家——愛畢克提特斯說：「交友一事，處順境時則易，處逆境時則難。」

想要結交朋友，首先就是提高自己的成績，加強自己的能力，如此，即使自己並不刻意追求，別人亦會自來親近。

擔心對方跟自己是否合得來……

要重視在不同業界的朋友

「我和那個人興趣不同，工作的性質也不同。我和他才認識不久，不知以後彼此是否能夠真的成為朋友。」

在認識一位與自己不同行的朋友，或許大多數的人都會有這樣的疑慮。當然面對這種情形，也用不著刻意去尋找彼此的共通點。吸收彼此互異的知識和意見，反而可以促進成長。

美國的思想家——愛曼森說：「大家都只知道同樣事情的一群人，勢必即將不再彼此互成為良友。」

因此，對待具有與自己不同經驗和知識的朋友，應該更加親密。這對彼此都是非常有助益的，彼此都會因此而加速自己的成長。

為什麼都沒有人會來幫助我……

結交真正的朋友

「我的處境實在非常困苦，但是我眾多的朋友中，卻沒有一個人願意挺身出來協助我……。」

尤其是人處在逆境時，大多數的人都會有這種慨嘆。

人在飛黃騰達時，即使默不作聲，也會有大批的人來靠攏。但如果把這些人都認爲是自己的朋友，以後一定會吃大虧的。

羅馬的詩人——奧維帝斯說：「生活順暢時，雖有眾人環繞；當生活不濟時，亦不免被孤獨丟棄。」

若是沒有心心相交的朋友，就一定會遇到這種結果。

朋友並不以多爲貴。結交朋友貴在彼此以誠心相待，如此才能交到真正的朋友。

朋友有錯時怎麼辦？

為朋友好，應直言不諱

「我注意到他有一些不應該有的行爲。可是怕說出來後會破壞彼此的感情……。不知如何是好？」

對於是否應該要向朋友進忠言，經常會使很多人感到困擾。

既然對方是自己的朋友，當然就應該直言不諱。因爲你的忠告而破壞的事情，一定不會是彼此之間的友情。

羅馬的喜劇作家——密魯士說：「待友之道，暗中勸戒而公開稱讚他。」

一般經常可以見聞到的情形，卻都不是這樣。有些人不但眼見友人一再犯錯而默不作聲，甚至會在公開的場合大肆批評自己的朋友。

如果是真心在關心自己的朋友的人，一定不會這樣做的。因爲自己是他的朋友，所以就更應該下定決心，給他忠告。這一切都是爲了要讓朋友變得更好的緣故。

知道朋友有困難，但……

默默地替朋友分擔困苦

「我很清楚目前他的處境很艱困，可是我自己也不知道該怎麼做才好。萬一處理不當被誤認爲是在多管閒事，那豈不是很倒霉嗎?……。」

有些人經常都是以這種心情來對朋友的困苦，採取隔岸觀火的態度。

朋友有了困苦，就要像自己有了困苦一樣，絕不可以做壁上觀，一定要趕緊去救援他。

即使朋友並未要求援助，也要熱心地提供協助。

希臘哲學家——提奧拉斯多士說：「友在順境，有邀才訪；友在逆境，無邀亦訪，此乃真友人。」

或許有可能會被誤會爲多管閒事，但還是要以絕不坐視朋友陷溺困境而不救的心情，拿出願意爲朋友盡心盡力的熱誠來對待自己的朋友。

因為我總不願與人相爭……

至少要明白地提出自己的主張

「我只是希望和大家都能和睦相處，因此，一直都堅持不與人爭執的原則……。」

有人就是抱定這種想法，所以開會從來不發言，對任何事情都採「無爲」的策略。

的確，這種人是不會與人發生爭吵或發生類似的不愉快。但大家也絕對不會因此而認同他的爲人，相反地，大家說不定會因此而鄙視他。

英國的詩人——堤尼森說：「過去到現在都未曾樹立過敵人的人，他一定也不會有朋友。」

凡事不要只聽任自然演變，要是自己有意見，就應該明確地表達出來。讓自己成爲一位具有存在感的人物吧！

總是找不到親密的朋友……

首先，自己先付出

「不知道要怎麼，才能找到能夠與自己共患難的朋友呢？……。」

很多人大概都會有這樣，找不到知己摯友的慨嘆吧！

如果你當面向一位朋友說，願不願意與你一起患難與共，對方大概不會給你滿意的回答吧！在要求朋友共患難之前，是否自己就應該提出自己的好處，請朋友來共同分享呢？

德國的哲學家——尼采說：「結交朋友是爲了要與友同甘，而不是要與友共苦。」

只希望朋友來救危解難的想法，未免太不近情理。

結交朋友，要緊的是一定要先付出。唯有肯不吝惜地將快樂與朋友分享的人，才能得到真正的友情。

自己比不上朋友時……

朋友的成功要衷心地給予祝賀

「朋友們個個都很順利成功，可是我自己卻一生了了，一想到這裡就無法很真心地祝賀朋友們的成功。」

有些人就是抱著這樣的想法，處處躲閃著朋友。

如果一個人凡事都只考慮自己的情況，就會有這種結果。朋友有成，首先最應該要做的是，對朋友的努力給以最高的評價，同時衷心地祝賀。

德國的言語學家——哈協說：「願意幫助別人的人並不少，可是，會不嫉不妒誠心誠意祝福別人幸福的，才是真正的朋友。」

互相祝福彼此的成功，互相進步成長，才是真正的交友之道。

對朋友的成功要誠心地給予祝福。並引為奮鬥的目標，鞭策自己要更加努力。

我沒有一點惡意的呀……

要尊重對方的人格

「我是爲他好才這樣地說呀！其實我心裡一點惡意也沒有……。」雖然他這樣地解釋，可是他的朋友好像已經有不悅之色了。

老是喜歡用自己的標準來衡量朋友，或喜歡自以爲是的人，往往會招致這種情形。

言行無視他人人格的存在，喜歡直搗他人心中深處的作風，是一定要避諱的。

日本的作家——武者小路實篤說：「友情的價値，存在於彼此能夠在不傷害對方的獨立性而交往的標準上。」

與人爲友，並不就是意味著可以干涉對方，或要對方生活在自己的標準中。

即使自己的言行並不是出於惡意，但只要是有可造成傷害對方的言行都應該謹愼。

我的朋友太多了……

不要錯失真正的朋友

「環繞在身邊的朋友一個又一個地增加，直讓人感到交友並不是一件樂事。」

有些交遊廣闊的人，偶然會半帶驕傲的口氣這樣地說。

可是，交遊廣闊事實上真的不可喜也不可賀。結交朋友並不貴於朋友數量的多寡，而是貴於能否結交到真朋摯友。

對於交遊廣闊的人來說，毋寧說，他最重要的是，辨別清楚有那些人只有朋友之名而無朋友之義。

希臘的喜劇作家──梅奈多洛斯說：「在順境時，只願與富貴榮華之人爲友者，非真友也！」

像這種朋友，往往會在情況改變時，揮袖而去。

不管自己處境順逆與否，絕不可以疏遠摯友的存在，並且隨時清醒不要因周遭的甜言蜜語而迷失了自我。

老是在意對方的缺點

要只看對方的優點

「他的缺點實在令我非常受不了。每次都很想糾正他，但卻一直找不到機會……。」

有些人很喜歡在第三者的面前訴說自己朋友的缺點。別人的缺點總是比較醒目。可是我們也不要忘了自己也是有缺點的。如果大家都彼此挑剔對方的缺點，那麼事情可就沒完沒了。

法國的作家——拉·勃列斯說：「彼此若沒有容納對方小缺點的雅量，就無法保全友誼。」

只是譏諷對方的缺點，不但於事無補，並且只會破壞友情。既然爲友，就應該多正視對方的優點。同時，以友爲鑑，找出自己的缺點，積極改進。

每次與他一起就倒霉

以更包容的胸懷來培養友情

「每次和那傢伙在一起就沒有好事。除了給我製造一些痛苦的回憶外，一點好處也沒有。」

有些人總會把自己的不如意歸咎在某位朋友的身上，甚至想和那位朋友從此斷絕來往。

即使所發生的失敗，真的是錯在那位朋友的身上，恐怕該位友人內心會是更加的沈痛吧！想想朋友的心境，想必就不會有上述的怨言吧！

美國第一任總統——華盛頓說：「友情是一種成長緩慢的植物。而且在它值得被稱爲友情之前，必須經歷好幾度困難的打擊。」

要想培育真正的友情，就必須以同舟共濟的心情，共同去渡過所有的痛苦與困難。

不了解朋友對我的觀感
最重要的是自己的態度

「不知道對方是怎麼地在想我這個人？」

有些人總是很迫切地想知道自己在朋友心目中的地位爲何？

事實上，這種事情就算是知道了，又能怎麼樣呢？

朋友相交，最基本而且最重要的是自己的態度。如果自己的態度誠懇真確，就用不著去在意對方的想法。

希臘的哲學家——亞里斯多提拉斯說：「友情存在於愛之，而不存在於被愛。」

朋友怎麼想，那並不重要。最重要的是自己怎麼想。自己應該先捫心自問，自己到底能爲朋友做些什麼。

要求自己付出而不在意朋友是否付出的心態，才是應有的交友之道。

對朋友的言行感到生氣

勿道朋友是非

「那個傢伙真是太自以為是。說來說去，還不都是為了他個人的利益……」

有些人會在他人面前說朋友的壞話。不管在什麼場合中，都不應該數說自己朋友的壞話。即使朋友有令自己生氣的言行，也要忍耐保持冷靜。

從來沒有人因為批評自己的朋友，而得到好結果的。事實上，到頭來最後受到傷害最嚴重的，往往都是說別人壞話的人。

英國的劇作家——辛格說：「即使朋友有對不起你的地方，也不要因此就說朋友的壞話。因為它將會使長久以來的友情結束！」

對自己來說，損失之最，莫大於失掉朋友。而且，這種損失是永遠也挽回不了的。

朋友沒有精神鬥志

要永遠為朋友祈禱祝福

「最近，他一點精神鬥志也沒有，跟他在一起，好像自己也會受到感染似地，痛苦起來。」

會這樣關心朋友的狀況的人並不少。

看到朋友意氣消沈，自己也跟著無精打采。相反地，看到朋友朝氣蓬勃時，自己也顯得格外風發。

美國有位醫生——奧斯拉說：「在青春的生活中，友情是專門提供幸福給我的，最實質的東西。」

要設法使意氣消沈的朋友積極振作起來，重拾歡笑和幸福，這才是應有的待友之道。

自己打起精神以身作則來激勵對方，這也是一招很有效的方法。千萬不要吝惜招呼朋友一起共同前進的聲音。

不想和朋友相見

放棄成見和偏見

「和那個人見面一點趣味也沒有，而且他那些令人討厭的地方令我受不了。」

有些人會用這種想法，刻意地迴避某些特定的朋友。用自己個人的好惡來判別朋友的好壞，這是不應該的。朋友之間，應該是要正視彼此的優點，不應該彼此挖掘缺點。

唯有具備這樣的心態，結交朋友才有意義。因此，交友首先就是要改正心態。

法國的哲學家——休貝魯說：「朋友盲目時，我由其側臉來觀之。」

捨棄成見和偏見，多去接納對方的優點，自然就能很坦誠地對待對方。

他好像在背後說我的壞話……

以正直的態度對待朋友

「他在我面前儘是說些好聽的話，可是在我背後所說的話，好像就不是那麼一回事了。」

有些人對自己的朋友，總是會有這種猜疑。

的確，有些人在當事者面前所說的話和在當事者背後所說的話，經常會有不一致的情形發生。

可是，如果因爲有人如此而就認爲自己也可以有樣學樣，這種想法是要不得的。

德國詩人——柳克魯德說：「真正的友情，不管是從前面看或從後面看都是一樣的。」

用不著在意別人言行，可是在朋友的面前，則必須保持正直的態度，絕不可以在背後說朋友的壞話。

朋友老是以玩樂之事相邀

要有拒絕的勇氣

「我跟他的交情是很好，不過這傢伙成天只知玩樂不務正業……。」有的人在自己所結交的朋友中，出現有不務正業的情形時，多少會開始擔心。

遇到這樣情形的朋友時，或許應該要跟他分開一點距離做客觀的觀察。如果對方照樣不改玩樂性情，那他大概就無可救藥了。

法國的詩人——凡帝斯說：「交友之險莫過於結交到無知之友，與其如此，毋寧擁有賢明之敵。」

被朋友拜託做他的連帶保證人，結果受到拖累使自己陷入困境的事，並不是沒有。如此，自己的一切恐怕也就完全被葬送掉。

不好的事就是不好，應該要明白地指出。應該拒絕的事就要拿出勇氣加以拒絕！否則自己也會被拖垮。

不善於與人交際……

常以笑臉待人

「我再怎麼學習，就是不善於與人交際……。」有些人老是這樣主觀地認爲自己不會交際，於是遇到需要交際的場所就夾著尾巴畏縮在一旁。

的確，有些人真的不太會與人搭訕和交際應酬。可是，總也不能老是逃避與人接觸的事呀！

正因爲自己不在行，所以就更不應該放棄，相反地，應該要更積極地行動。

日本江戶時代的學者——佐藤一齋說：「接人以春風，戒己以秋霜。」與人接觸時，要隨時保持明朗的笑臉，努力給對方有一個好的印象。拋棄自我，盡力爲對方著想。

結交的朋友不太好……

尋求更高階層的朋友

「你所結交的那些朋友都不太好哦！長久下去，恐怕你也會變得跟他們一樣。要小心啊！」

經長輩這樣地提醒，才恍然清醒的人，大有人在。

環境是很重要的。往往會因爲所處的環境而改變其個性。在交友的事情上來說，就是要隨時積極地尋求高水準的人來做朋友。

舊約書中說：「與智者同行之人，可得智；與愚者爲友之人會變壞。」

結交朋友時，必須要有學習向上的精神。因此，尋找有值得學習地方的人來做朋友。

與有更高水準的人交友，並從交友中吸取對方的優點，是交友的重要課題。

好像有被疏遠的樣子

讓自己成為具有吸引力的人

「好像只有我一個人被大家疏遠了的樣子，不知道該怎麼辦才好？」

當自己發覺同伴們已經很少來找他一起行動時，甚至會感到發慌。勉強想要擠進別人的團隊中，最後一定還是會吃到閉門羹。與其如此，不如把自己應該做的事情，先確實地做好。

首先要做的是，工作。全力把工作做好，使自己更具有實力了以後，別人自然會刮目相看。

英國的劇作家——莎士比亞說：「邀請不到而卻來光臨的客人，在回去時一定最受歡迎。」

因為沒有被邀請而動氣發怒，一點也無濟於事。相反地，遇到這種情形自己反而要更加用心工作，努力增強自己的實力。默默地努力工作吧！

在和朋友見面之前被訓了一頓

在和朋友見面之前自己先照照鏡子

「等一下我就要去赴一位好朋友的約會，偏偏上級就選在這個時候訓了我一頓……」

有人會因此與上司鬧彆扭。

不過，在這種情形下去赴朋友的邀約時，必須要特別注意自己的言行舉止。因爲稍一不留意，難得的一個聚會將可能會變成你大發牢騷的情形。

日本的教育家——新島高襄說：「受到責備時不可以生氣，並且，當人心中有氣時，千萬不可發牢騷。」

爲什麼自己會被責備，其中一定會有相當的理由。所以，在要動氣發怒之前，自己應該先好好地反省一下，是否有什麼需要改進的地方。

因此，在要和朋友見面之前，再重新把情緒調整好，照照鏡子看看自己的臉，用愉快的心情和明朗的笑臉與朋友相見。

竟然讓朋友生氣……

大家再面對面把話說清楚

「他好像是在生我的氣，但不知道我是什麼地方得罪了他？」

有人遇到這種情形，乾脆就採取避不見面的策略，終而與朋友斷交。

光是個人單方面地胡亂猜想，恐怕是沒有辦法找出原因，有效地將彼此的危機化解。而且，時間一旦拖得太長，朋友之間會越顯得彆扭。

美國第十六任總統，林肯說：「面對面直接交談，是掃除惡感情的最上上之策。」

直接去找朋友，二人當面把話說清楚，不但可以馬上找出原因，同時彼此的誤解也可以立刻化解。

行動要趁早，隨時不忘以笑臉相待。

老是談論工作的話題

朋友會砥勵我們

「每次只要他一來，就老講些工作的事，真是一點情趣也沒有……。」

有人常因爲這樣而刻意迴避這類熱心於工作的朋友。

有這種願意熱心地講述各自行業的工作情況的朋友，應該是一件值得慶賀的事，不是嗎？

朋友相聚在一起，儘談一些廢話，對彼此都將不會有所助益。從朋友之間的交談中吸取對自己有幫助的東西，這樣的交談才有意義。

論語說：「君子以文會友！」

換句話說，就是我們要認識淸楚，朋友是用來砥勵自己的。如此一來，朋友之間的聚會才會因而愈發貴重，同時每次的聚會，都會使自己的學習精神更加旺盛。

沒想到連朋友都不支持我

朋友自有其想法

「為什麼大家都不支持我的意見呢？更沒想到連他都反對我的意見……。」

有些人在自己的意見不被朋友贊同時，甚至會猜疑是朋友在出賣他。可是，這是天大的誤解。若認為因為彼此是朋友，所以對方一切都要跟自己一樣，這種想法真是大錯特錯。

德國詩人——海茵尼說：「我們之求於友人的，並非要求其來贊同我們的行動，而是在尋求其理解。」

自己會有自己的想法，同樣地，朋友他也會有他的思考。彼此之間的想法有所不同，這才是理所當然的。

朋友彼此的想法即使各有不同，但最重要的是，彼此都要能理解對方的用意。不管什麼事都給予附和贊成的朋友，反倒不能說是真正的朋友。

他居然拒絕我的邀請

不要讓對方感到負擔

「好意邀請他，他卻拒絕……，這種朋友真叫人感到失望。」被朋友拒絕邀請的人，經常會生氣地這樣說。

朋友並非隨時都是閒著在等候邀約的呀！凡事不應以自我爲中心來考量事物，應該以對方爲中心才對。

不考慮別人的情況，自作主張地做安排，這是自己的不對。法國的作家——德柯克說：「維持友誼最好的方法是，不要讓對方對你感到有負擔，譬如，不要借錢給朋友。」

在邀約朋友一起行動之前，一定要考慮對方的情況是否允許。自作主張的行爲，往往會令對方感到爲難。

日常的交往，就應該保有替對方著想的心。

朋友都不來相約

首先要讚美他

「最近，都沒有人來邀約我，甚至連那些彼此感情較好的朋友也都音訊全無……。」

有些人遇到這種情形，就會一個人躲在家裡怨天尤人、鑽牛角尖。

通常，朋友之所以會不來相邀，其原因大都是出在自己本身。如果自己不虛僞做作，對朋友摯誠，一定不會有這種情形發生。

法國的哲學家——巴斯卡爾說：「您，希望受到別人的好評？如果是，那麼你絕不可向人宣揚你的優點。」

人經常會爲了急於想要受到別人的認同，而會有意無意地宣揚自己的優點。可是這樣做，往往會適得其反。

首先應該要做的是，找出對方的優點，並表示敬佩之意。直接了當地說就是，要先誇讚對方一番。

希望能與大家都和睦相處

摯友一人遠勝泛交十人

「我很希望和每一個人都相處得很好，可是，事實上並不如想像地那麼順利……。」

有些人就是這樣，恨不得自己能與天下的所有人都爲友。

其實，朋友並不一定多就好。相反的，結交朋友，與其多交不如致力於建立彼此的親密關係。

經常有的人會這樣慨嘆地說：「朋友一籮筐，摯友無一人。」

德國的寓言作家——普費裴盧說：「欲爲眾人之友者，亦必非眾人之友。」

真的想要結交朋友，首先應該要致力於創造親密的、真正的朋友。有摯友一人，遠勝有十位普通的泛友。

可以與自己結爲摯友的人，應該不會太多才對。交友就是應該要找這些真正的朋友。

真朋摯友有何用……

結交知己的機會要靠自己創造

「我的朋友很多，因此，即使沒有真正的知己，生活也不會有什麼困難。」

有些人因此而認爲知己並不真的必要。

可是，有這種想法的人，真的很希望他想想一個問題，就是，當自己陷入困境時，會真心地來關心協助的人，到底有幾人呢？

英國的哲學家——培根說：「沒有真友之人是最徹底的孤獨者，他的世界無異是一片荒野。」

要結交真正的朋友，這應該是人生中的一件要事。

要想結交到知己，其機會必須靠自己去創造。人生有了知己，生命才能有豐碩的成長。

世上可能有真友情嗎……

友情不是蜜糖

「在現今這樣競爭如此激烈的社會中，友情會有可能存在嗎？」在現實中翻滾的人，經常會有人這樣地懷疑。

友情其實並不單只是相交往的彼此，感情和睦的事而已。由於互相競爭有時也會產生彼此相識相惜的友情。

英國的編輯專家——博恩說：「友情是會倍增喜悅而分割悲哀。」在時而互相競爭，時而互相勉勵之中一起成長的過程中，會有真正的友情。

友情絕非只是蜜糖。它會倍增喜悅，但當苦難來時也必要共擔。因此，不厭苦難的心是真友情的關鍵。

第四章　境遇

・運氣不佳正是磨鍊自己的機會

人在幸運之時，
或許看起來偉大。
但，真會令人偉大的
是，人在運氣不佳之
時。

德國詩人
——西露雷爾

自己的事都做不完……

助人為第一優先

「爲什麼我非幫他不可呢?再說，我自己的事都做不完了，哪有閒工夫去管別人呢!……。」

有些人就是這樣地，熱衷地只掃自家的門前雪。

人生似短猶長，時而幸運時而歹運，誰都可能會遭遇到需要別人來幫助的時候。

羅馬的喜劇作家——席魯斯說：「己在順境會不吝替人救難解圍者，其若在逆境時必得援助。」

獨木難撐大廈。只知自掃門前雪，不管他人瓦上霜，自私自利的心態，應該要儘早拋棄。

見別人有困苦，自己應該要主動地給予援助。生活應該是要互助合作才對。

環境變化太大令人無法適從

努力順應環境的變化

「周遭的環境變化劇烈，叫人無所適從。今天不知如何是好？」環境的改變，的確會讓許多人感到困擾。

遇到這種情形，首先就是要正視環境的變化。冷靜地找出到底有什麼地方發生了什麼樣地改變，並分析出發生改變的原因。

同時，培養預測變化、判斷演變的能力，也是非常重要的課題。要做一個能洞燭先機的人，而不要做一個老是被變化玩弄的人。

拿破崙說：「環境！我就是創造環境的人。」

不要老是採取被動的姿態。人生應該有積極而且果敢的行動。學習拿破崙的那種雄心霸氣，浩浩蕩蕩地前進。做一個可以掌握環境的舵手。

是環境不好惹的禍

好環境要靠自己去創造

「在這樣的環境中做事，怎可能會有好表現呢？歸咎起來業績之所以不好的原因，就是工作的環境太差。」

對公司或工作場所有所不滿的人，經常會把自己的不如意怪罪到工作環境上。可是環境的好壞、標準的界定見仁見智，討論起來就沒完沒了。

不過，如果真的是環境有問題，那麼生活在其中的個人也應該有責任。畢竟，會造就環境的不是公司，而是人。

英國的政治家——德斯雷梨說：「人並非環境的創造物，而環境卻是人的創造物。」

如果你認爲環境不好，那麼就應該用自己的雙手來改善它。自己不努力尋求改善，只會發牢騷抱怨的人，才是最不應該的。

真想跳出目前的世界

永遠不要捨棄希望

「最近，業績繼續低迷，真叫人無法繼續面對這種殘酷的事實！」在不如意時，經常會有人心生逃避現實之念。

不過，人生最重要的事，不管遭遇到再大的挫折困難，永遠都不可以捻熄心中的那一把希望之火。越在困境越要有勢必重新再站立起來的決心和行動力。

灰心、喪志，會使人生的一切趨向毀滅。人生應該永遠滿懷希望地積極奮鬥。

希臘的喜劇作家——梅奈得勃斯說：「人在逆境，唯希望救之。」不管陷入任何的苦難中，永不絕望地努力奮鬥，最後一定可以爲自己重新打開光明之路。

每天都以無比的信心和決心來面對。

在逆境時情緒也跟著低落

永保積極向上的氣力

「平常不覺得怎樣，但偶爾情況一不如意，整個人的精神氣力也就跟著跌落谷底，叫人振作不起來……。」

有許多人都是這樣，越是在逆境就越無奮發圖強的幹勁。

心境是很重要的關鍵。人在順境時，處事應該要細心謹慎，在逆境時則要積極大膽地行動。

英國的哲學家——培根說：「順境時的美德是自制，逆境時的美德是不屈不撓。」

人誰都會有順逆境。而當人在逆境時，其想法和所表現出來的行動，就是人生勝負的關鍵。

人不應該讓自己對人生的衝勁，因一時的逆境而消失或淡化。

難道自己真的無才能嗎？

不斷地努力是迎頭趕上的秘訣

「我毫不懈怠地在努力，可是成績就是比他差。難道我真的是一點才能也沒有嗎？」

對自己一直比不上同事的人來說，懷疑自己的才能，似乎是最常有的想法。

當大家都同樣站在起跑線上時，大家的條件是一律平等，沒有差別的。往後之所以會出現差距，這完全是由於個人努力程度有差異所致。

這種努力的才能，照理說應該是每一個人都具有的。可是，實際上並沒有多少人願意把它發揮出來。

德國的物理學者——貝魯格說：「人的素質大家都是一樣的，只是環境會有所不同而已。」

換句話說，問題是在每一個人自己的內心中是否有「努力的環境」。這個環境就是決定差別的要素。

很想洗刷失敗的恥辱……

別固執自我的做法

「我決心用自己的方法來洗刷失敗的恥辱，可是，單憑我個人的力量好像又不太夠……。」

有這種想法的人，經常會接二連三地失敗。

這種人最大的錯誤是，對別人的意見，都馬耳東風地不加理睬。

雖然決心要用自己的力量來做好事情的豪情壯志是有必要的，但是對於有經驗的前輩們所提供的意見，絕不可以隨便輕視。

有一句俗話說：「人最大的錯誤是自以爲是，而且死不認錯。」

用自己的方法所得到的結果，如果並不理想時，就應該誠實地反省，並聆聽長輩的意見。

如此，才可以學習到與自己不同的想法和作法。

危機來臨了……

就看個人如何應變

「貴公司的經營蒸蒸日上真令人羨慕。我的公司，最近受到台幣匯率的影響，已開始亮起紅燈了。」

由於匯率的變動而受到影響的企業比比皆是。可是光是找人來發牢騷，一點也於事無補。

外在的因素不改變，則自己就必須自我改變。即改變自我以適應環境。個人應該如此，而企業更是不如此不行。

德國的詩人——西露雷爾說：「人在幸運之時，或許看起來很偉大，但，真會令人偉大的是，人在運氣不佳之時。」

即使把自己拿去和別人做比較，結果也不見得會有什麼實質上的助益。最重要的是，自己要思考如何去改變自我以適應環境，並且努力地實行。如此才能增強自我的實力，保證生活的順利。

這一切都是那傢伙的錯……

嚴以律己

「這一切都是被那傢伙拖累才會造成這麼嚴重的後果。啊！真不知道該如何叫他負責？」

有些人在事情失敗時，會有意地把責任往同伴的身上推。

一個人如果有這樣的作事態度，不但會失去同伴的信賴，同時也將得不到周圍的支持。

事情遭到失敗時，應該要有願意將原因歸罪於自己的責任感。

日本的學者——春日潛庵說：「嚴以責己，則無暇以責人。」

不管身在何種境地，都應該嚴以律己。

即使，事情的失敗是由於他人的錯誤而造成的，也必須要嚴格地追究自己有沒有善盡加以補救的責任。

公司好像快要倒閉的樣子

努力訓練自己能有自立的能力

「公司好像就要倒閉了，這時，不知道該怎麼辦才好？」

當公司走入絕境時，大多數的員工都會這樣的擔憂著。

完全依賴公司養家活口的人，當然是會有這種煩惱。可是真正有實力的人，遇到這種情況，應該不至於會手足無措才對。

有實力的人最後能夠爲自己打開新生之路。因此，平時培養自己能夠獨當一面的實力，是非常重要的。

美國的思想家——愛曼森說：「最重要的是，讓自己成爲這個世界所必需要的人，如此你自然就可以取得麵包。」

平時要訓練、培養真正的實力，則即使在個人所處的公司面臨危機時，自己才不會有所困擾。

以自己能自立爲目標，在平時就要加緊培養真正的實力。

不知道自己未來的命運如何……

未來要靠自己創造

「我以後會變成怎麼樣呢?未來的命運到底爲何呢?」有些人總喜歡杞人憂天似地幻想、擔憂著自己的未來。未來的命運,現在再怎麼想都不可能會有答案的。自己的未來及變化如何,將視個人平日的居心而定。

一個每天都毫不在乎日出日落的人,它的未來,鐵定是每況愈下。要想有更上一層樓的際遇,必須每天都面對目標兢兢業業地努力。

日本的作家——夏目漱石說:「命運是神的事情,人只要盡本分地去努力就可以了。」

集中精神,對目前的工作全力以赴。至於未來的事,只要有自己可以創造未來的氣概和腳踏實地、永不氣餒地努力,命運之神自然會有好的安排。

自己的運氣總是比別人差

在每段過程中都要不懈怠

「跟他比起來，我簡直是毫無運氣可言。爲什麼好的事都總是會被他碰上呢？」

像這樣總喜歡羨慕別人而哀嘆自己運氣不佳的人，比比皆是。

看事情的結果而來斷定個人的運氣是否亨通，這是倒果爲因，大錯特錯的。什麼都不作，光是坐著等，一定不會有好結果。守株待兔，最後不但等不到兔子，而且好好的田地也都荒蕪了。

要有好結果，首先就是必須要努力地做。

美國總統——威爾遜說：「命運之中是沒有偶然。人之所以遇上命運，其實是自己早就在製造的東西。」

並非運氣不好，而只是在事情的過程中有所懈怠。只要持續地努力，一定會有好的結果。

公司居然要把我降職

要有一定讓人刮目相看的決心

「或許這是命中注定。萬般皆是命，半點不由人。我也只好認了！」

接到公司要下放他到地方去的命令，他如此地自言自語。

對某些人來說，調職好像是一件非常不受歡迎的事情。可是，事實上也未必完全如此。其中的差異就端看個人的想法和決心而定。

如果用和以往一樣的心情來接受調職的事實，其結果，絕不可能變好。想法不改，沒有決心，即使環境改變，則不論走到哪裡，都會一直再犯同樣的錯誤。

法國的學者——門提紐說：「命運並不給我們幸與不幸；它只是提供那些材料和種籽給我們而已。」

因此，當我們既然非接受這些材料和種籽不可時，我們就要有一定要讓它開出美麗花朵的氣概和決心。

自己是否能夠衝出困境呢？

拿出勇氣，付諸行動

「日子一天比一天難過，最近，不免開始懷疑自己是否能夠突破這個困境？」

當一個人陷入困境時，通常都會有這樣的不安。

要想解除這種不安的心理，唯一的方法就是不斷地努力。如果老是抱定時間會解決一切的想法，則結果只會加深痛苦和加長不安的時間而已。

要想突破目前的困境，就必須要有倍於以往的努力。

法國的作家——羅蘭說：「沒有持續不斷的不幸。但看個人是要繼續忍受或要拿出勇氣來消除它。」

拿出勇氣，積極地行動才是最重要的。不積極地行動就永遠無法得知結果會如何，不安的心理就不會消散。無畏無懼，積極行動的態勢是必要的。

現在老是比不上從前……

隨時要有現在就是起跑點的自覺

「以前生意興隆，訂單應接不暇，但現在的生意卻是有一樁沒一樁地，真是今非昔比……。」

人總是喜歡懷念過去的一些美好時光。

可是，在現實的生活中，是沒有回顧過去、懷念過去的閒情逸致的。要緊的是現在而不是過去。

羅馬的詩人——波耶迪詩說：「在所有的逆境中，最悲哀的情況是，過去一直都很幸福的情形。」

現實中最重要的課題是，現在要怎麼做。而且處理事情的原則是不能以過去爲基準，而應該是要經常保有一切都是從現在開始的精神和幹勁。

拋棄過去的種種，明白地認淸目前的處境，以堅忍不拔的毅力，努力面對挑戰。

總覺得自己很倒霉

有果必有因

「為什麼又失敗了呢？難道我天生注定就是一個倒霉鬼嗎？」

有些人在遇到挫折失敗時，總是會強調自己是一個運氣非常不好的人。一個人若老是有這種想法，恐怕都難免會一直重複地犯同樣的錯誤。一個結果的形成，必定有其相對的原因。如果不找出原因、改正錯誤，則不管再怎麼做，都不可能得到好結果的。

希臘的詩人——威利畢迪斯說：「縱然你對命運吶喊、抗議亦是徒勞無益，因為命運是耳聾。」

只會將一切失敗歸罪於命運的人，是絕對無法突破現狀再造新機。唯有究明失敗的原因，檢討有效的對策，而在下次的行動中應用出來，才是最應該的作法。

人是為了什麼而忙碌呢？

人是為了成長而活

「人生儘是在製造些痛苦的回憶而已，如此痛苦地忙碌著，到底又是爲了什麼呢？」

有些人經常會這樣地懷疑人生的意義。

人爲什麼要生活下去呢？這個問題的答案，或許是不一而足。但是有一個很確定的因素是，至少人是在爲了自己的成長而活的。

法國的社會主義者——腓利說：「前進是人生的使命。不管我們處在什麼社會中，都必須隨時朝要更上一層樓的目標前進。」

因此，只要人想要繼續成長下去，他就必須要忍耐並克服種種現實生活中所發生的困難。

從而，人將可以體會出生命真正的喜悅。

那種事做了等於白做……

沒有不必要的事

「爲什麼，那種事一定非做不可呢？那種事，即使做了，一點意義也沒有……。」

有些人經常會這樣主觀地，把上司的交辦事務擱置一旁。

事實上，這種人經常是最沒有出息的人。相反地，不管接到什麼樣的工作，都願意腳踏實地，全力以赴的人，都會有成功的結果。

凡事都應該把它看成是對自己影響重大的事，而全力以赴。只要有一件事情被自己斷定是不必要的事，以後不必要的事將會接二連三地到來。

希臘哲學家——雷奇霍斯說：「沒有一件事是沒有理由的；凡事的生成都有其原因。」

凡事都沒有不必要的道理。以凡事都是必要的心態全力以赴，才可期待成功的結果。

對方的成績似乎有問題

讓外在的風浪化敵為友

「大家的情況都一樣，卻唯獨他一個人有好的結果，你說這其中是不是有問題呢？」

經常，我們都可以看到那些喜歡聚在一起猜忌同事成就的三姑六婆。爲什麼只有他個人會有好的成績，或許這正是他平時就比別人用心和努力的緣故吧！

每天都不懈怠、踏實的努力，所以才能在與大家同樣的條件下，締造出不平凡的結果。

英國歷史家——奇朋說：「風浪經常都是站在優秀航行家的這一方。」所謂優秀的人是指會知道要踏實地努力的人。所以換句話說，風浪也經常都是會支持肯努力的人。

風浪都是與那種會把結果怪罪到外在情況上的人爲敵。因此，每天持續踏實地努力，讓外在的狀況能與自己化敵爲友，這是很重要的課題。

為什麼自己做什麼事都不順……

努力創造幸運

「命運是無法用個人的力量來左右的。自己做什麼事都不順，或許幸運之神已經不再來照顧我了吧！」

做事不如意的人，經常會這樣感嘆！

其實，命運是應該要自己去開拓才對。只要繼續不斷地努力，用不著祈求禱告，幸運自然就會降臨。

事情有不如意就怪說是自己運氣不好，這是不對的，而且事實上也是於事無補。只要個人肯不斷地努力奮鬥，幸運自然就會隨後而來。

拉丁詩人——葛樂第阿里斯說：「人，不管是誰，他自己就是自我幸運的建設者。」

不過，幸運的建設是需要時間的，因此，要不灰心地持續努力才可以。

生意突然不振……

要把握住已經到手的幸運

「以前各方面都過得還可以，可是現在突然間生意一落千丈，真是運氣欠佳！」

生意突然不振的人，會有人這樣地說。

人在幸運的順境時，不知好自把握，就很容易會造成境遇突然轉變的打擊。越是在順遂的時候，越應該謹慎自律並越努力才對。

晴天時要知儲備雨來糧。人必須隨時抱有憂患意識。

西班牙的作家──協魯士班帝斯說：「幸運是，人在未失去它之前，絕不會知道其爲何物的東西。」

可是，幸運一旦失去了以後，要再把它找回來可就不容易了。因此，一旦抓住了幸運，就應該努力緊緊地把握住它，不要讓它流逝。

在計劃如何面對明日的挑戰的同時，也不要忘了要求自己以更嚴肅的態度來行動。

生活陷入了苦境……

現在正是飛躍的機會

「真不知道要怎麼做，才能脫離目前的困境。老天爺！請多少給我幫點忙吧！」

當一個人陷入苦境時，很多人都只是想祈求上天來幫忙。

殊不知，要想脫離困境，除了自己要鼓起勇氣去克服困難之外，是別無他法的。

唯有直接面對困難的挑戰，才能找到成長的鎖鑰。要想逐步向上成長，就必須要集中一切力量去面對困難，並把困難克服。

英國的評論家——哈滋雷特說：「幸運是偉大的教師，而不運則是更偉大的教師。」

用不著去怨嘆人生的苦境或運氣。透過苦境和運氣不佳的洗禮，只要有決心和毅力，人將可以學到人生所需要的知識和經驗而更具實力。藉此，人將在突破困境之後，快速地飛升。因此，毋寧說，苦境正是人生的機會。

一切都違背意料……

成功與失敗原是一紙之隔

「近來，不論做什麼事都失敗，實在令人心灰意冷，一點也提不起幹勁！」

有人在面對幾次失敗後，會如此地意氣消沈。

可是，越是在這種時候，就應該越要拿出勇氣去接受挑戰才對呀！

一有挫折就心灰意冷，人生將永遠無法進步。凡事都要全力以赴。

美國的詩人——拉威爾說：「運氣好與不好，宛如一把利刃，其將成為傷人凶器抑或成為助人之神器，則看人是要握住其刀刃或握住其刀柄而定。」

明白地說，就是應該要努力握住其柄。

成功與失敗只不過是一紙之隔。

不過努力必須是有始有終，半途而廢，將會使過去的努力前功盡棄。凡事要拿出堅持到底的勇氣和毅力。

工作應該會有輕鬆的才對呀……

困苦正足磨鍊人

「每天枯燥無味的加班，我已經快受不了了，工作應該有輕鬆愉快的才對呀！……。」

想要逃避眼前工作的人，會這樣地說。

人並不是爲了些許的薪資而勞動的。人生的勞動，應該是具有透過勞動而來磨鍊自己的意識。

爲了要磨鍊自己，因此遇到困難的工作就不能退縮，同時也要有努力克服困難的毅力。

日本的作家——山本有三說：「年輕時不多喝點苦水的人，其成長必不好；我始終認爲勞苦正是我的老師。」

不能耐得起艱難困苦的人，是絕對無法得到成功的。堅信今天的勞苦在不久之後一定會產生豐碩的成果，而鼓起勇氣繼續奮鬥下去。

怎麼努力情況都沒有改變……

燃起強烈的鬥爭心

「情況越來越嚴重，到現在，好像再怎麼努力，都已經沒有用似的。」只會強調現狀嚴重而卻不採取任何行動的人，經常會這樣地說。

可是，如果一點都不行動，情況當然也就不可能會有絲毫的改善。光是坐著慨嘆現狀，不起而行，就不能企求會有什麼改變。

人生應該要保有不被外在情況降服，凡事都竭盡全力以赴的鬥爭心。

羅馬詩人——威爾奇維斯說：「用不著向不幸屈服，相反地，人應該大膽地、積極果敢地向不幸挑戰。」

生命中成功的秘訣，是隨時把握時機，保持強烈的鬥爭心，拿出勇氣以實際的行動，果敢地向現實挑戰。

做與不做結果都一樣

虛心接受事實的結果

「他跟我，當然不一樣。因為我遠比他用心地努力工作……。可是，為什麼他不努力所得的結果，卻和我一樣？」

對自己努力的結果感到不滿的人，會這樣地說。

總覺得自己是比別人優秀的人，即具有優越感的人，經常會發生這種錯覺。

對別人的成果不會有怨言，但對自己的成果卻老是有不滿。換句話說就是，自己比別人優越，所以工作的成果就不可能會跟別人的一樣。

澳洲的作家——埃森巴哈說：「人看到別人不幸時，會認為那是理所當然。但當自己有了不幸時，卻無論如何也不能接受。」

要虛心地接受已成為事實的成果，認清自己的實力，隨時敦促自己要更加努力。

再怎麼努力都沒有希望了吧！

機會一定會有的

「現實殘酷而且無情，有的盡是些折磨人的苦難。」

有人對現實具有這樣的徹底絕望似的意見。

誠然，現實是非常嚴厲的。可是我們並不能因此而就對人生感到悲觀、絕望。

生活應該隨時充滿希望，並爲達成目標而積極地努力奮鬥才對。

羅馬尼亞的作家——歌爾魯奇說：「即使在極不幸的狀況之中也會隱藏著幸福。只是我們不知道幸與不幸到底分別在何處。」

不知道幸與不幸的轉機在何處。因此，要想能把握住這個轉機，則平時就必須要持續不斷地努力。要勉勵自己平時就要不斷地充實自己，以免到時候後悔就來不及了。

目前唯一能做的就是忍耐和等待

光是坐著等是不行的

「現在唯一能做的是忍耐和等待，相信機會必定會到來的。」

有些人總會認爲只要能耐心等待，就一定會有機會。

可是光是坐著等待，是不會有好結果的。當然，忍耐是必要的，但，在忍耐之際如何去擴展充實自我的能力，才是最重要的。

同樣是要咬緊牙關忍耐，就不應該光是坐著忍耐，而是要積極地行動，勇敢地向現實挑戰。

日本的作家——太宰治說：「幸福的訊息，絕不會在你等待的時候到來的。」

光是耐心地等待是不行的。最重要的是平常就要持續不斷地努力。

堅信今天的努力必然會有開花結果的一天，咬緊牙關勇敢地努力前進。不努力的人永遠是沒有好運氣的。

如何才能得到幸運呢？

不斷地努力才能喚來幸運

「要怎麼做，才能得到幸運呢？」

有些人會成天胡思亂想著如何去獲得幸運的方法。

其實要得到幸運這件事情本身，並不是一件什麼大不了的問題。重要的是，我們是否能夠將得到手的幸運，做最恰當的利用。

好不容易得到了幸運，但自己卻沒有才能加以活用，最後還不是一無所獲。

美國的政治家——富蘭克林說：「人的幸福並非由於那鮮少到來的幸運所造成的，而是由於每天不斷努力所產生的些微利益所累積而成的。」

所以重視生活中的每一天，踏實地努力充實自我的實力，這才是最重要的事。唯有如此，幸運則將在不知不覺中，不請自來。

目前是身心最低潮的情況……

重要的是要維持身心良好

「啊！現在是我身心最低潮的時候。想起身心都在高潮的時候，做事情無一不順……。」

當一個人陷入低潮時，總會去想一些在如意時候的豐功偉績，來自我安慰。

人在高潮如意時，往往會閒散安逸，於是情況就會馬上逆轉而下。如何繼續保持高潮，是一件非常困難而且是非常重要的事。

成績好的人，高低潮的變化並不多，是在穩定的狀態中不斷地進步著。相反地，高低潮的變化頻繁的人，即使偶爾情況好有好成績表現，但畢竟無法持久，最後總是得不到好的成果。

希臘的辯論家——迪摩斯提尼斯說：「維持幸福遠比要獲得幸福難。」

如果情況已經轉變，那又另當別論，但我們應該要學習把握並維持好情況。

一次也沒遇到什麼幸運的事

不要光談幸運或不幸運的話

「我從來就沒有遇到過什麼幸運的事。想必此後大概也是如此吧！」想到了了的過去，有些人會自我解嘲地這樣說。

光只是慨嘆過去的成果是沒有用的。畢竟，會造成那些結果的是自己。

蘇俄的作家——阿爾滋巴基夫說：「你最大的不幸，並不是因爲你自己是不幸的人，而是因爲你總認爲在你自己和自己的生涯之間，存在有那樣的不幸。」

不要老是只在意結果是如何，在每一件事情的過程中都要拚命地努力。

不管其結果會如何，至少我們所付出的努力，在不久的將來都會有所回報的。在談幸運與不幸運之前，人應該有許多必須要做的事。

為什麼別人總比我幸運呢？

一切要靠自己

「他確實是一位幸運的傢伙，什麼事情都很順利成功，比起他來，我可就沒那麼好運氣了……。」

有些人會這樣慨嘆自己是運氣不佳之人。

可是，光是嘆息，事實是一點也不會改變的。與其嘆息，何不試著來改變一下自己的意識呢？

也就是隨時都暗示自己說，自己是一位運氣極佳的人，並積極地行動。如此一來，自然就充滿朝氣，並且就會產生積極而且是魄力十足的行動。

法國的作家——莎德說：「幸福，只是存在我們的意識中的東西。當我們意識擁有它時，它才存在。同時，在其過程中，對未來它也絕不會做任何的保證。」

一切都是要靠自己去創造。

第五章　幸福

・要立下足以賭注一生的目標

創造幸福人生的唯一道路，並不是追求幸福；而是在於選擇以追求高於幸福的東西為人生的目的。

英國經濟學家
——米爾

我竟然被拋棄了……
要珍惜愛人的心

「我竟然被人拋棄了。今生今世，我再也不想要再去談戀愛了！」

初次受到失戀打擊的人，經常會有這種心情。

但是，也有的人是，失戀了好幾次，但卻不氣餒地，再接再勵地尋找新的戀愛。

這種人認爲，一個人如果失卻了那份愛人的心情，其人生就完蛋了。失戀，確實是人生中的一個重大打擊。可是也用不著因此而就拋棄戀愛的心情。失戀之後，希望能夠更加積極地去尋找新的戀愛。

英國的詩人——詹尼森說：「因戀愛而失戀，遠勝於永不被愛。」

儘快從失戀的打擊中重新站立起來，珍惜著自己愛人的心，並以此爲自豪，早日恢復笑臉。

大家都反對，怎麼辦？

要率直地依己意而行

「周遭的人都極力地反對我，現在我自己也不知道該如何是好？」因得不到贊同而大傷腦筋的事，屢見不鮮。

此時，最重要的是自己的心意。應該很率直地依自己的心意來行動。周圍的人或許有許許多多的意見，但是，他們畢竟無法對一切負責。最後要負責任的是自己，所以依照自己的心意來行動才是上策。

英國的詩人——巴伊龍說：「戀愛的世界，只有行動；如果老是在意著吵擾的世俗約束，你將無法率直地隨心而動。」

別在意周圍吵雜的意見，要很率直地依照自己的心意做決定。不然，事後後悔就來不及了。

為什麼別人都不喜歡我呢？

首先，自己要先喜歡對方

「爲什麼別人都不喜歡我呢？我曾試著去反省自己，可是也找不出有什麼特別的缺點……。」

一個不能被大家喜歡的人，經常會有這樣的苦惱。

誠然，在他身上並不見得會有什麼令人不能忍耐的缺點，只是他疏忽了一件很重要的事。

那就是，一開始時他就沒有努力要先去喜歡別人。而可斷言的是，只要這種被動的態勢一天不改，他的煩惱就會多延長一天。

羅馬的哲學家——薛尼康說：「假使你想被愛，則首先你就必須先去愛別人。」

總歸一句話，就是要先去愛別人。同時，願意爲對方盡心盡力。本著以對方爲重的想法，並付諸於實際的行動，這種煩惱一定可以消解。

經常換工作崗位……

不要讓經驗白白浪費

「今年的人事異動，我又被調動到不同的工作單位。像這樣每年都把我調來調去的，實在令人難以忍受。」

對公司的人事異動，有所不滿的人大有人在。

可是，如果換另一個角度來想，由於經常換工作單位，所以經驗的事情自然就會增多，不用說，所獲得的知識也必然很豐富。

常被調動，或許在顏面上有些不光，但這種事，也並不一定就是壞事。

英國的思想家——卡內爾說：「能夠找到一生工作的人是幸福的。對他來說，他並不需要再去找尋其他的幸福。」

多多地去經驗各種事情，從中或許就可以找到最適合自己的生活圈。以前所有過的經驗，決不會白白地浪費的。

經常會焦躁不安……
要能控制自己的心情

「最近經常會感到心煩氣躁地。有時甚至會對一些小事而動氣發怒。」

很多人經常會有這樣的情況。

能夠這樣地自我反省是非常好的，但光只是反省還是沒有用的。除了知道要自我反省外，還要積極地加以改善。

所謂的改善就是，要能控制自我的情緒。不過自己的情緒，除了自己以外，別人是無法加以控制的。

羅馬的辯論家——奇凱洛說：「幸福的生活，是建立在心平氣和的心境上。」

如果一個人沒有辦法控制自我的情緒，那他就沒有資格去抓住幸福。

找出之所以會引發焦躁不安的原因，並且加以改善。讓自己隨時都保有寬裕的心情。

目前的情形令人覺得不安

有疑問就要馬上解決

「自從進入公司到現在，在生活和工作上從來就不會感到任何的疑慮；可是如此下去，真的沒有問題嗎？」

開始對自己目前所做的事感到懷疑的人，通常會有這樣的疑問。

與其對未來感到不安，不如盡心盡力地來面對每一個今天。如果是對目前的狀態感到懷疑，這並非不好，只是既然心中已經有懷疑，就更應該把握現狀，努力工作以消除疑慮。

美國的思想家——愛曼森說：「讓自己的時間過得充實，就是幸福。」

心中有了疑問就要以行動來消除它，光是放在心中想是不會有結果的。行動可以解決一切。

總認為自己比別人不幸

不要拿自己與別人做比較

「聽越多人的經歷和遭遇，就越覺得自己是多麼地不幸。」

有些人總喜歡去探聽別人的生活，並拿自己的情況與之做比較。說一些風風光光的事是很簡單的。可是，那畢竟只是那一個人的生活的一小部份而已。正因爲那只是一小部份的事，所以誰都會津津樂道。其中，有些話甚至並不是已經實現了的事實，而只是說話者心中期待的情景而已。因此，拿這些話來和自己現實生活的全部做比較，豈不是毫無意義可言。

法國的作家——羅蘭說：「沒有人不渲染幸福的事，可是卻很少人知道何謂幸福。」

我們沒有必要因爲聽了別人的經歷，就認爲自己是不幸的人，而毫無道理地逼迫自己。因爲，即使這樣做，實際上一點用處也沒有。

不知道要怎麼做才能幸福？

追求人生的目的

「我當然也是盼望今生今世能幸福。可是，我一點也不知道要怎麼辦才好？」

有些人經常做如此的深思。

可是，這種事任憑你再怎麼深思熟慮，也不可能會有什麼確實的方法。要說有的話，那大概只能說是：要想幸福，那就要抓住一個能夠讓自己完全投入的人生目的。

換句話說就是，要確立人生的價值。同時為了追求這個人生價值而努力前進。

英國的經濟學者──米爾說：「創造幸福人生的唯一道路，並不是追求幸福，而是在於選擇追求高於幸福的東西做為人生的目的。」

只要努力追求自己人生的目的，幸福自然就會跟隨而來。

最近被人逼債逼得快走投無路

萬一跌倒了一定要勇敢地再爬起來

「家父欠了別人一屁股債務，又突然失蹤了。我又不能故意佯裝不知，但我也實在不知如何是好？」

家裡突然發生這種事，任誰都難免手足無措吧！

遇到這種情形，的確有可能會令人崩潰，可是事情不做了結還是不行的。現實是殘酷的。時光也是不等人的。萬一自己因此而倒閉的話，事過境遷以後，一定要拿出勇氣和毅力，努力重新站起來。

『寶鑑』中有一段話說：「家貧顯孝子，亂世識忠臣。」

尤其是在越苦難的時候，就越能發揮出事物真正的價值。同樣地，人在困苦的環境時，其人性的價值就會受到考驗。

鼓起勇氣，超越一切的苦難吧！

看來房子是買不起了……

錢是看人使用

「現在如果勉強去買一幢房子，以後恐怕得爲了房屋貸款而拖累一輩子，與其如此，倒不如快快樂樂地生活？」

有些人就這樣拋棄了想要有自己房子的夢想，而甘心做一個到處租屋而居的人。

向別人租房子住，並不是一件什麼壞事。問題是，人不應該輕易拋棄夢想的。

而且，人有一個壞習慣，就是一旦開始揮霍起來，就很難停止。金錢使用無度的結果，就會亂了正常的生活規律。

易經上有一段話說：「積善之家必有餘慶，積不善之家必有餘殃。」

同樣是要花錢，就應該把它用在實現夢想的作用上。即使買一個能屬於自己所有的房子是需要貸款，但相對地，它將會使人更具有責任感，更具有工作的慾望。

隨時生活在追求目標中，這就是人生。

對婚姻生活會感到不安

創造夫妻二人共同的生活方式

「結婚以後，生活能過得順利美滿嗎？要怎麼做，才能使生活順利美滿呢？」

有些人就是因爲心中老是有這種困惑，而始終不敢走上結婚之路。

其實，並沒有任何方法可以保證婚姻生活可以百分之百的美滿。婚姻生活中最重要的是，夫妻雙方都要互相努力來體諒對方。

婚姻生活必須合夫妻二人的力量來共同維持，並且要有適合夫妻二人的獨自的生活方式。倣效別人的作法，有時反而會得不償失。

挪威的劇作家——伊普森說：「婚姻生活宛如一片波浪洶湧的海域，然而目前卻仍尚未有足以領航渡越它的羅盤針。」

堅信只要夫妻二人互相合作，必然能夠逢凶化吉，創造出順利圓滿的婚姻生活，而勇敢地踏出婚姻生活的第一步。

沒想到婚姻生活是如此煩人……

婚姻生活本來就不是蜜糖

「結婚以後的情況跟當初心中所想像的，竟然是相去甚遠。現實竟然是如此地殘酷……。」

原以爲結了婚就可以過著甜甜蜜蜜的生活，可是沒想到事實並不盡然。通常期待越大，對現實就越容易有不滿。其實生活應該是要正視現實，不要作無謂的幻想。

同時並要立下志願，用自己的雙手來改善生活的現況，以達自己所期盼的目標。

德國的哲學家——哈烏威爾說：「所謂結婚，就是把男人的權利減半，而把他的義務擴增一倍。」

才結婚不久就哀聲嘆氣、發牢騷，這也是不切實際，因爲在往後的婚姻生活中，勢必會發生更深刻的問題，到時候，豈不是就無法突破。

不要老是爲一些已經無可挽回的瑣碎事物困擾，隨時要把目標放在遠處並把握每一天的生活。

我也是急著想早點結婚呀……

結婚並不見得是越早越好

「啊～！說實在地，我是一直急著想早一點結婚，可是沒想到，身邊的朋友們卻一個個都比我先結婚了。」

一位目前還是獨身貴族的人，在接到朋友的結婚請帖時，酸溜溜地這樣說。

其實，結婚這種事，未必是越早越好。因爲結婚畢竟是一輩子的事，所以應該要仔細考量。

法國的喜劇作家——摩里耶魯說：「許多人都急著想要早一點結婚，結果卻造成一生永遠的後悔。」

因此，爲了不要在結了婚以後才感到後悔，所以在婚前尤其需要把眼睛睜大一點。

結婚是兩個人一輩子共處的事，所以再怎麼說都是急不得的。要想結婚，婚前兩人的交往至少要已經到達能互相信任並互相體諒的地步。

還是做獨身貴族比較好……

不要逃避現實

「啊！還是像當初單身漢時代那樣比較好。一個人自由自在的，想做什麼就可以做什麼……」

有些結了婚以後的人，會這樣地懷念他過去單身時代的歲月。

可是，這樣說的人，又不見得會對其單身時代的生活感到絕對的滿足。畢竟，現實看起來總是比較嚴酷的。

一個人再怎麼樣想設法逃避現實，最後都不可能得逞的。所以反倒是，不要有事沒事胡思亂想而集中一切正視眼前的事實，做應該要做的事。

日本的作家——武者小路實篤說：「有一種最要不得的人是，未婚時老幻想著結婚後的喜悅，一旦結了婚以後，卻又老幻想著單身時代的歡樂。」

生活很重要的一件事是，正視目前以及今後所要做的事，並努力地去實踐，同時要把那已經不可能再復回的過去拋棄掉。

對方老是不能贊同我的意見

不要過份強調自己的意見

「爲什麼我說的事她都不贊成呢？弄得我自己也開始焦躁不安起來。」

有些人，在自己的意見不被接納時，不知去要求協調溝通，反倒是更加處心積慮地硬是要去想些什麼辦法來逼迫對方接受。

首先，有一點必須自覺的是，結婚並不就是等於對方一定要聽你的。因爲意見不被對方採納而就動氣發怒，結果只會破壞彼此的感情，使互相疏遠。

法國的作家——祥德魯說：「要與自己所最愛者一起生活，有一個秘訣是，不要想去改變對方。」

要尊重對方的人格，同時也不要強行逼迫對方，一定要認同他所不願意認同的事。

別人的評價令我非常在意……

不要理會周圍的雜音

「我認爲我的另一半是一位很不錯的人，可是周遭的人好像都不常提到她的事……。」

一個會在意別人評價的人，經常都是這樣地。

其實結婚是個人的事，根本就用不著要別人多說些什麼話的。

最重要的是結婚雙方當事者，彼此對對方的真意爲何，如果這個真意是會因別人的一、二句閒言閒語而改變的話，這未免太不像話了？

法國的思想家——盧梭說：「娶妻，是要追求適合自己口味的妻子，而不是要找適合別人口味的人。」

所以，周圍的閒言雜語根本就不應該去理會它，只要明確自己的意志就好了。同時，對於自己所選擇的對象，也一定要有絕對錯不了的自信。

若只是做朋友是沒什麼好挑剔的……

要慎重地考慮彼此的信賴關係

「如果只是交朋友，那她絕對可以說是一位很好的朋友，但要把她當做結婚的對象，可就……。」

因為有某些顧慮，於是有些男女朋友，寧可彼此做朋友而不做夫妻。或許這種選擇並沒有錯。可是，既然如此，不也就是說彼此都還有可考慮結為連理的可能嗎？

因為，既然對方是值得一輩子做朋友交往的女性，那麼這不就等於有必要好好地考慮是否能把對方當做終身的伴侶。

法國的哲學家——莎貝爾說：「如果那位女性，要是變為男性而你絕對會與之結為至友，那你就一定要選擇該女性做為你的妻子。」

結婚是一個人一生的大事。彼此必須要有能夠互相信賴的關係。這是我們在要結婚時，所必須要慎重考慮的重點。

沒想到婚後，他就變了……

以體諒對方的心情來接受對方

「沒想到以前那麼溫柔體貼的他，結了婚以後卻變得像是一隻老虎似地整天兇巴巴地；早知如此，打死我，我也不跟他結婚……。」一位才結婚不久的職業婦女，如此地對公司的同伴訴苦。

或許這種情形，並不是女性才會有的困擾。當婚姻生活開始了以後，夫妻彼此，就都可能會發現對方在交往時候從來沒有過的某些缺點。

可是，如果這時候彼此硬是要針對這些缺點來做挑剔，事情將走入不可收拾的地步。這時候，彼此所需要的是互相體諒、互相包容的態度。

英國的神學家——法拉說：「結婚前眼睛要睜大一點，結婚後，眼睛最好閉著。」

夫妻應該彼此注意對方的優點，而不要互相挑剔缺點。彼此應該合力創造一個彼此都能過得舒適愉快的生活環境。

真羡慕那些單身貴族……

別人吃的蘋果好像比較甜

「雖然現在後悔已經來不及了，可是我就是想不透，我爲什麼會想不開要結婚？」

有些結了婚的人，似乎悔恨自己要結婚的事，而羨慕著那些孤家寡人。可是，當初這些人，不也都是對婚姻生活充滿著許許多多甜蜜的幻想，企求早日成婚的嗎？

想來，這種人好像老是有「看別人家吃的蘋果，總是比自己的甜」的錯覺吧！當然，現實也經常是比想像中的要嚴酷。

法國的思想家——門提尼說：「結婚就像一個鳥籠。外面的鳥兒會好奇地想進去一瞧究竟，而在裡面的鳥兒也會好奇地拚命往外闖。」

不要忘了結婚的初衷，只要冷靜地思考，要創造幸福的婚姻生活所應該做的事，並且努力地實行，那麼，你將不會再有怨悔生活的閒工夫。

再不結婚，恐怕年歲一大就……

人，誰都會有不安

「單身的時候，生活無憂無慮，可是一想到未來，總會令人感到不安。」

有些人特別會對未來的事感到惶恐。

可是，這種不安，並不會因爲你是單身或已經結婚而消失。單身時有這種不安，結了婚以後，這種不安的情緒反而有可能更加嚴重。

不過，在另一方面你也可能會擁有一些喜悅。

英國的文學家——強森說：「結婚，雖然會帶來很多痛苦，可是單身生活卻沒有任何喜悅。」

當然未來的事是必須預做盤算的，不過，最重要的是個人自己的心意。隨隨便便地，連一點心理準備都沒有就結婚，以後當然難免會後悔。因此，在婚前應該很坦誠地來考量結婚的問題。

我到底是在追求著什麼呢？

目標就在你家中

「我，這樣活著到底是爲了追求什麼呢？到今天爲止我就不曾發現到有什麼事會讓我熱衷地去追求。」

有些人幾乎做遍了各種事，可是卻找不到有什麼足以做爲心中意向的歸宿。人的慾望是各式各樣的，而且每一種慾望又會隨時空的改變而蛻變。人爲了要滿足其慾望而會發生各式各樣的行爲。當某個慾望達成了以後，卻會感到一種莫名空虛。

因爲，這時候人將會發覺，眼前所達成的事情，並不是自己真正想追求的東西。

英國的作家——姆亞說：「人爲了想要找尋自己想要的東西而在世間中奔波勞累，可是卻在他回到家的時候，發現了它。」

自己真正所要追求的東西，其實就在自己的家庭中。我們應該要明確地認清這一點。

不懂什麼叫幸福

創造和平家庭

「那傢伙只不過才佔了一個小小的主管缺而已，憑什麼這樣就可以說是幸福呢？」

對別人的高陞，不屑一顧的人，好像並不少的樣子。

一個人如果認爲工作職位的高陞就等於是幸福，那麼他將無法理解別人的幸福感是爲何物。事實上，幸福感就像是人的價值觀一樣，因人而異的。

在不同的範疇中追求幸福的人，其對幸福的感受自然也就有所不同。

德國的作家——凱第說：「不管是帝王或一般百姓，只要是能在自己的家庭中創造出和平的人，他就是最幸福的人。」

換句話說，就是連自己的家庭都不得和平的人，即使有再尊貴的地位都不能算是幸福的人。

重新想一想看，什麼才是對自己最幸福的事情。

想到家庭的事就令人厭煩……

創造一個堅固的家

「每天光是工作的事就令我頭昏腦脹了，實在沒有什麼心情再去想家庭的事。」

有些人都是以這樣的理由，把家庭的事棄之不管。

雖然，專心一致努力工作是很重要的，但是，並不可以因爲這樣就可以把家庭犧牲掉。

如果家中發生了麻煩，結果，最後勢必會影響個人的工作。因此，最重要的是，首先要建立一個安定而正常的生活基盤。

希臘的劇作家——蘇弗克列斯說：「一個能夠把自己的家庭治理得井然有序的人，在處理國家大事時，也必定是最有成就的人。」

建立一個安定的家庭，是很重要的。一個對家庭疏忽的人，最後也必定會吃到來自家庭的苦頭。

我今生大概得不到幸福吧！

幸福的階梯需要耐心地攀登

「像我這樣的人，即使再怎麼努力，也得不到幸福吧！」

有位朋友這樣地哀嘆著。可是仔細觀察他，似乎也沒有什麼特別的不幸。換句話說，這只是他自己沒有感覺到幸福而已。

不輕易地滿足現狀而積極地努力追求更高的目標，這種精神很重要，可是，因沒有達到目標就悲觀、自艾自嘆，這也是不應該的。

法國的哲學家——馮德尼爾說：「幸福最大的障礙是，對過大的幸福做期待。」

在追求幸福的過程中，首先我們必須先安慰自己說，目前我已開始感到幸福了。然後在這種狀態下，再做更積極的努力。

幸福並非一蹴可幾的，要想抓住幸福，就必須像攀繞梯一樣，需要一段一段，著實地攀登。

別人的事，管它幹什麼呢？……

要盡力為人造福

「我自己的事都忙不過來，那有空閒來管別人的事呢！」

像這種只考慮自己不管別人的人，並不少。

只要自己能夠幸福，就什麼事都可以不擇手段的人，是不可能得到真正幸福的。

要爲他人祝福，同時也要願意盡力爲別人造福。這樣的人，幸福自然會降臨其身上。

瑞士的學者——亞米耶魯說：「爲人造福是最真確的幸福。」

以爲人造福爲自己的最樂，並率先付諸於行動。周圍的每個人都得到幸福而讓你笑口常開時，幸福也就一定會降臨。

每一種工作都蘊藏著不盡的樂趣，只是有些人不知如何去發現它們而已。

拚命地努力卻一點也沒有回報

努力這件事本身就是喜悅

「即使拚命地努力，要是一點回報都沒有，那豈不是等於沒有努力。」付出了心血努力工作，結果卻得不到預期的效果，多少都會有人有這樣的感覺。

可是，是不是能夠得到效果這種事，如果一開始就不去做，是永遠不可能知道的。正確的工作態度應該是先努力再看結果。

一旦努力工作成爲一個人行事的習慣以後，他可能就不會很在意事情的結果是如何的了。

法國的作家——吉德說：「創造幸福的祕訣是，要在工作中尋找快樂，而不是一味地爭取快樂的事。」

不要因爲沒有成果就灰心，在努力工作中一定可以找到值得喜悅的東西。

最近生活的開銷一直增多……

生活求得是要豐富而不是要奢侈

「一直期望自己的生活能過得更好，可是薪水不但沒有增加，反而開銷卻一天天地增多……。」

因爲沒有加薪而備感生活難過的人並不少。

薪水大致上是固定的，所以領薪階級的人，理應在其範圍內，安排生活。光是埋怨嘆息，薪水是不會因此就增加的。

同時，所謂更好的生活，絕不是那種奢侈浪費似的生活。

蘇格蘭的哲學家——蘇丘華德說：「擢取幸福，最大的秘訣是，要自己去適應外界的事物，而不要硬是要外界的事物來適合自己。」

所以，生活應該是在自己的薪水範圍內，做最豐富而又實在的生活。

失業了，怎麼辦？

為了明天，今天更要努力

「由於經濟不景氣，公司倒閉而目前失業在家——雖然領到了一筆失業補償金，但往後的日子還那麼長……。」

因爲失業，一時之間造成生活很大的壓力。

雖然個人曾經很賣力地工作，但公司倒閉，有時並不是由於個人的關係。

遇到這種情況時，最重要的是要積極地振作起來，突破困境。光坐在家裡哀聲嘆氣，工作是不可能自己找上門來的。

美國的作家——梭羅說：「舉凡目前一切的不幸，都只不過是人爲了要邁向未來的踏腳石。」

爲了明天，所以今天我們應該要怎麼樣做才好？確實地把這個問題考慮清楚，然後積極地付諸行動。光是等待，是永遠休想突破現狀的。

要是假日再多一點，有多好……

要把精神集中在工作上

「每天都被工作逼得喘不過氣來，生活實在是連一點幸福感都沒有。要是再多一點假日，那該多好……。」

有些人成天就只知道這樣慨嘆日子忙碌不好過。

的確，當一個人整天都爲工作而忙得團團轉時，怎麼也舒暢不起來吧！可是，正因爲努力工作而使每一天都過得很充實，這應該也是很有意義的。

蘇俄的作家——托基說：「至上的幸福是，在年終時，自己能確實地感覺到自己的確比年初時，要好得多。」

透過工作的磨鍊，人將更能正常地成長。把努力工作這件事，認爲它一定可以爲我們帶來幸福。堅信這個想法而持續奮鬥下去。

有許多賽跑失敗了，是在最後幾步。跑「當跑的路」已經不容易，「跑盡」更難。

這種苦痛豈是別人能夠了解的……

勇敢地伸出雙手歡迎苦痛

「像你這麼幸運的人，怎麼可能體會得出，像我這樣的苦痛呢？」本來想來安慰朋友的人，突然竟被這樣地說，弄得自己也不知如何是好。

不管個人遭遇什麼樣的痛苦，都不應該無視於朋友的好意。再說，即使衝著朋友這樣說，也不可能會使情勢好轉。

相反的，很容易因此而失掉朋友。

蘇俄的作家——弗利基說：「人生好比是學校，而不幸比幸福更稱得上是好老師。」

所以，人不應該因爲遭到苦痛而就悲觀。能夠衝破一道又一道苦痛的難關的人，才能真正的成長。因此，人應該自己去尋找苦痛來向它挑戰。

順境中的好運，爲人們所希冀；逶境中的好運，則爲人所驚奇。

他的事我很同情，但是……

凡事不要置身事外

「他大概作夢也想不到他竟然會發生如此悲慘的事吧！唉！真可憐！」當別人遭到不幸的狀況，許多人通常都只是在口頭上表示同情。光是嘴巴說一說，實際上也不去幫忙，結果一點用處也沒有。

自己遭到不幸時都會很刻骨銘心地記住，但是，對別人的不幸則是漠不關心，有些人對別人的不幸甚至會有幸災樂禍的心理。

法國的作家——羅西弗奇說：「其實我們都很堅強，堅強得可以很心平氣和地觀看著別人陷於水深火熱之中。」

人，總會有遭到不幸的時候，那些不幸也絕不可能完全是個人私自解決得了的。因此，在別人遭到不幸時，除了表示同情之外，應該還有其他能做的事才對。

想到一天的事心就煩……

要感謝上天恩賜的每一天

「早上一睜開眼，想到又即將面臨漫長的一天，心中真是感到又痛苦又無奈。」

有許多上班族由於有這種想法，所以每天都是不拖到最後一分鐘絕不出門。

早上一大早就如此消極，不用說，這種人一定無法好好地工作。早上起來，應該去多吸一點新鮮的空氣，同時要對又能有新的一天的事實，心存感謝。

用最佳的心情開始一天的生活，才能創造充實的一日。

德國的神學家——羅德說：「當夜晚就寢時，對隔天早上會有期待和喜悅的感覺的人，是幸福的。」

以感謝的心情來迎接每個新的一天，並以最佳的心情來開始每一天的生活，這樣才能創造充實的每一日，進而創造有意義的人生。

第六章　健康

•身、心要好好地鍛鍊

猶如河之氾濫，掘土以沃田；人之疾病，則掘人之心而重耕之。

瑞士法學家
——希爾第

當得知朋友得了癌症時……

健康是金錢買不到的

「沒想到他竟然得了癌症。可惜，他的事業目前正蒸蒸日上……。」

當得知自己的朋友罹患絕症時，有的人第一個想到的，竟然是工作上的事。

即使有再輝煌龐大的事業，要是沒有健康的身體，一切都會變得無意義。而且，就算是用盡天下的財富，也沒有人能夠得到新的健康。

希臘的詩人——荷梅羅斯說：「生命是，即使積存再多的黃金也買不到的東西。」

一個人要喪失其健康是很容易的，可是要取回健康，卻是難之又難。因此，維持健康是相當重要的。有一件大家都一定要銘記在心的事——人一旦因疾病倒下後，才來注重健康，就已經來不及了。

沒想到一向健康的我，竟然……

要隨時注意維持健康

「我一向對自己的身體健康非常有信心，沒想到竟然會生病。」

生了病才這樣說的人比比皆是。

人，不管要做什麼事，最重要的是要有健康的身體。唯有擁有健康的身體，人才能夠經得起各式各樣的挑戰和做各式各樣的衝刺。

可是，過份自恃自己的健康絕對不會有問題的人，往往會意想不到地發生疾病。怠忽維持自我身體健康的人，就如同是自己放棄所有一切人生的權利的人一樣。

瑞士的哲學家——阿米耶魯說：「健康是人生所有的自由中，最重要的自由。」

沒有健康的身體，人生的一切都將變得沒有意義，所以，我們應該隨時注意維護自我身體健康。

身體好好的，但就是提不起精神

調整心理的狀況

「最近身體並沒有什麼不舒服的地方，可是，不知爲何，總覺得沒精打彩地……。」

有些人明明沒有什麼病痛，但偏偏就是整天打不起精神。

事實上，有這種情形的人就不能算是健康的人。因爲一旦身體的狀況發生了異常，就稱不上是健康。

人的健康，是指肉體和精神都呈現在健全的情況。而最要緊是精神，也就是心理的健康。

美國的名創造家——愛迪夫人說：「健康除了身體情況的問題外，最重要的是心理情況的問題。」

心理不健康的人，一定得不到真正的健康。因此要想擁有真正的健康，首先就必須先從調整心理狀況做起。

偏偏在要緊的時候生了病……

要有堅強的意志

「啊！偏偏在這個關鍵時刻中才生病。在這種情況下，說什麼也沒有用了。」

有些人在遇到這種情形時，會這樣地哀嘆並灰心地拋棄一切。

要拋棄現狀是很簡單的，可是如此一來，長久以來生活中所做的一切努力，也將隨之化成泡影。

一個人的心如果和肉體都一起「生病」，那這個人就無可救藥了。最可悲的是，心理生病，完完全全都是個人自己的因素。

希臘的哲學家──愛畢克德斯說：「疾病是會傷害人之身體，但只要不在意它，它就不會成爲意志的障礙。」

有許多人雖然身體有障礙但卻因有堅強的意志，最後反而可以克服身體障礙而成功。同時有一件必須牢記在心的是，人的意志其生殺大權完全是操在個人自己的手中。

自己竟然落到非住院不可的田地……

重新觀察自己

「啊！沒想到自己竟然到非住院不可的地步。想到要在醫院裡生活，就令人感到憂鬱。」

有些人甚至已經都住了院，但是，每天卻仍是陷入在悔恨和憂鬱的情緒之中。對於這種人來說，住院中的生活無異是一種持續不斷的痛苦和無聊。

其實，對同樣一件事情的看法，會因各人的想法而異的。

住院，毋寧也是一個可以讓自己重新冷靜地來檢討自己的絕好機會。同時，又因爲住院時自己也可以得到很多空閒的時間，有時候就可以利用這些時間來學習新的事物。

法國的作家——布魯斯特說：「所謂病人，是比正常人更接近自己魂魄的人。」

萬一不幸因生病而住了院，也用不著灰心。除了要專心地接受治療外，有多餘的時間或機會，正好可以用來重新檢討自我。

對住院的朋友感到可憐……

健康是一件值得感謝的事

「我的朋友，已經入院半年了，到今天還是病魔纏身無法工作，真是非常可憐。」

想到有朋友長久臥病在床，大多數的人都會為他感到可憐吧！

不過，會讓人這麼關心的一定是彼此有關係的親友，如果是那些素不相干的人，就會顯得比較不關心了吧！

同時，對於自己的身體狀況，一般的人更是到了漠不關心的程度。因為一般人總是自以為自己的身體健康得很，絕不會有什麼疾病的。

德國的物理學家——利希貝克說：「人對健康的感覺是，當他病得越重時感覺越深刻！」

會想到要關心朋友的健康，就更要曉得注意自己身體的健康。不要到了生病時，才來大嘆健康的重要。平常就要注意維護身體的健康。

身體不舒服，但還不用去看醫生……

身體一有異樣就要儘早醫治

「最近，總覺得身體有點不舒服，但還不致於非去看醫生不可……。」有些人，明明看起來已經是整個人懶洋洋無精打采的樣子，但他本人卻還堅持不用去看醫生。

殊不知要是等到病情嚴重到無法忍受時，有些甚至就開始有生命的危險了。身體一旦有了異樣，千萬不要自做聰明，最好是儘早去醫院接受檢查。

自己對自己的身體狀況，隨時都要做客觀的判斷。

英國的哲學家——培根說：「健康的身體是魂魄的客廳，而病身則無異是監獄。」

平時不注意，一生了病，就後悔也來不及了。一感覺身體有異樣，就應該儘早求醫診治。

隨時要注意身體的健康。

有事煩心而睡不著……

養成快眠的習慣

「每天一躺下床，腦海中就接二連三地浮現出令人心煩的事，叫人是想睡也睡不著。」

他一邊揉著眼睛，一邊這樣地訴苦。像這種因有事心煩而睡不著的情形，幾乎是大多數人都曾經有過的經驗。可是，如果這樣的生活長久持續下去，早晚一定會把一個人的健康搞垮的。

即使有令人擔憂的事，目前畢竟一點也無法怎麼樣。因此，與其在床上煩惱，不如告訴自己，現在趕快睡覺，以便明日早點起床，利用清新的頭腦來思考對策。

英國的劇作家——莎士比亞說：「快眠，這正是自然賜與人類最溫柔而又最令人懷念的護士。」

快眠可以消除疲勞，同時給人新的活力。有些時候或許還會激發人的智慧。努力讓自己都能在每一天的早晨，有清晰的頭腦和清爽的心情。

希望每天都能從容地多睡一會兒

早起的鳥兒有蟲吃

「住家要是能離公司近一點，早上就可以多睡一會兒……。」一個上班族的老兒，擠在公車裡，一邊打呵欠一邊如此自言自語地說。

早晨是一天的開始，所以應該要早一點起床，多吸收新鮮的空氣，用嶄新的心情開始一天的行動。

一個人是否能夠心情愉快地迎接每一天的早晨，完全要看他是否能夠早起。其實無論什麼事都是這樣，好的開始是最重要的。

美國的實業家——卡內基說：「朝寢是時間的浪費，而且是最浪費時間的事。」

平常要有重視時間的觀念，對於早晨寶貴的時間，更是要好好把握。因爲，早起的鳥兒有蟲吃。

早上總是做不了什麼像樣的事……

早上就是提起精神來活動

「每天早上我都不知如何是好？總覺得不想工作，一點幹勁也沒有。」

有一位上班族，他老兄幾乎每天上午都經常是坐在辦公室裡發呆，一直到下午上班開始，才會看到他稍微積極地工作起來。

也就是說，在下午上班之前，他總是做不了些像樣的工作。像這樣的工作情形，當然一定是不可能有好的成果。

如果明知在早晨無法集中精神，振奮工作慾望，那就要下決心想辦法改進。

美國總統——威爾遜說：「勝利的第一個祕訣就是早起。」

養成早起的習慣。比別人早起，就能比別人更早做好準備，以迎接一天的開始，並且能夠比別人更早發出行動。

最近食慾不振……
病源是在精神之中

「最近一直都很沒有食慾，而且吃了東西以後又會想吐，大概身體的某部份發生了故障吧！」

有人一邊擦撫著胸口和腹部，一邊這樣地說。

由於精神壓力太大，人很容易得到類似這種情況的疾病。因此，要想避免肉體上發生疾病，就必須要治好精神上的不適，並鍛鍊精神。

在診斷疾病之前，要先試著檢查精神方面。

法國箴言作家——拉羅雪夫寇說過：「從檢討各種疾病的性質，可知病源都是來自熱情與精神上的痛苦。」

檢查自己的精神狀態，同時也應該注意讓自己有不使肉體負擔的強烈精神力。

許多病源是從精神之中導致的。

最近老是有人說我氣色不好……

對自己的健康管理要有自信

「自己並不覺得身體有什麼不適的地方，可是最近有些人在遇到我時，都關心地告訴我，看起來好像有什麼病的樣子。」

一個人如果接二連三地被人說他看起來好像有病的樣子，心裡一定會對自己的健康產生疑慮。

或許說者無心，但聽的人卻有意。有時只是偶爾的一句閒話，卻會讓對方造成相當深刻的困擾。

法國的哲學家——亞蘭說：「絕不可以當著別人的面說他什麼氣色不好的話。」

也許只是一句隨隨便便的閒話，往往會使人受到傷害，或感到困擾。

同時，如果是自己被別人這樣說時，應該不要太去在意它。

自己的健康要自己管理，同時也要由自己來判斷。

聽說朋友中有人精神有問題……

人多少都會有不適的地方

「聽說有位朋友現在每天都到醫院去接受精神治療，我自己應該不會有問題吧！」

有人聽到別人突然得了精神病，就會反應過度似地，懷疑自己的精神狀況是否健康。

同樣說是精神病，其實其種類卻有很多種。症狀有嚴重的也有輕微的，甚至其中也有根本還稱不上是疾病的情況。

誇張地說，一個人多少總是會有些不健康的地方。即人不可能百分之百的健康。

蘇俄的作家——基耶霍夫說：「其實並不是精神病患者大量增加，而是醫生們對於精神病的認定標準從寬了。」

精神病並不可怕，除非身體上有其他疾病，否則根本用不著去在意它。

有感冒徵兆時，有朋友相邀喝酒……

凡事以身體健康為要

「喂！晚上去乾一杯吧！我保證只要三杯燒酒下肚，感冒馬上根治。」已經發覺自己的身體有感冒的症狀，但卻拗不過朋友的邀請而去喝酒，結果，隔天就開始發高燒整個人懶洋洋地無法上班。

請假不上班，這對個人和公司來說都是一種損失，而且還會造成同事的困擾。

俗話說：「預防勝於治療。」

一感到自己的身體有異樣，就應該爲自己的健康著想，鼓起勇氣拒絕朋友的邀約。

如果要想避免身體陷入苦痛情況，就要隨時注意保持身體的健康。同時，爲了自己，一定要有敢拒絕別人的勇氣。

身體的疲勞已經到極限了……

休養是很重要的事

「最近，幾乎每天都要加班，疲勞一直累積下來，現在整個人似乎有快支撐不住的感覺了……。」

上班族的人或許經常有這種現象吧！

上班的人，領老闆的錢當然就要替老闆做事情，這原本是無可厚非的。可是老是加班，勞動過度因而把身體弄壞掉，這可就得不償失。再說，拖著疲憊的身體勉強加班，恐怕也不會有什麼好效果。

就算做工作的是機器，要它繼續工作也得給它上油保養，更何況人是血肉之軀，不休息保養，是不行的。

法國的思想家——盧梭說：「節制和勞動，對人類來說是最真實的二位醫生。」

偶爾狠下決心按時下班，給自己充分的休養，對自己絕對是有好處的。同時，重視檢討日常的私生活的作息是否正常，也是很重要的。

我終於病倒入院了……

要有和病魔戰鬥的勇氣

「啊！終於我的人生就要劃上句點了。回想起來，我的人生竟然是那麼地短促……」

有人一旦躺在醫院的病床上，就會變得如此悲觀。

的確，要跟病魔搏鬥是很辛苦的。可是這種戰鬥隨時都可能會發生。在這種戰鬥之中絕不可以發出哀鳴示弱。一定要有必定能克服疾病，戰勝病魔的意志。

瑞士的法學者——希爾第說：「猶如河之氾濫，掘土以沃田；人之疾病，則掘人之心而重耕之。惟有能正確地理解疾病的種因，並加以克服的人，才能更堅強，更成熟地成長下去。」

身體有了疾病，根本就用不著悲觀，只要有勇氣面對挑戰，抱定必勝的意志，最後一定可以克服病魔。

對未來會感到不安……

健康是人最重要的財富

「今後，不知道應該如何生活下去才好。未來的事，實在叫人不敢存有希望……。」

或許有人對未來的生活，正有著如此的不安。

其實未來的人生是否光明，這完全要看個人目前的努力而定。而最重要的是，個人將要把自己的能力努力提升到什麼樣的階段。

而在達到這目的之前，還必須顧慮到幾項因素，其中最重要的是，健康的因素。

日本的作家——武者小路實篤說：「對人生來說，健康並不是人生的目的，但卻是最初的條件。」

身體不健康，即使有心要做事，也沒辦法達成。就算是再有能力的人，只要其身體不健康，最後終究無法將其能力發揮出來。

在健康的條件下所蓄積的財產（努力），才是決定將來的因素。

最近總是沒有精神做事

鍛鍊精神力

「我平常都很注意要保持身體的健康，事實上我也自認為自己的身體很健康，可是……。」

一位身體的確很健康的人，這樣地說。因為每當他一到了要做工作時，就會突然間變得沒有一點元氣，甚至會整個人癱瘓像是病人一樣。

有時環境改變，往往會使人變得如此。因為生活的環境一改變，人的精神狀態甚至會隨著發生變化。

而且人的精神狀態一發生變化，往往也會引起肉體上和行動上的障礙。

英國的劇作家——巴拿多說：「健全的肉體是健全的心的產物。」

換句話說，鍛鍊精神力是很重要的。不管處在任何環境中，要能培養永不衰弱的精神力，才能創造出真正的健康。

很羡慕別人食慾旺盛

飲食要適量

「他可是真的會吃，相對地，我可就沒辦法吃得那麼多了。」看到別人在飲食上比自己吃得多，而感到羨慕的人這樣地說。

的確，會吃的人，外表上看來好像都是很健康的人。但在飲食衛生的觀點上來說，並不是吃得多就是好。

大家常說，飲食最好是八分飽。吃東西，只要吃到自己已有感到滿足的程度就好了。

日本的茶人——千利休說：「住家不漏，飲食不飢，則足矣！」吃過多，反而有害身體。因此，要知道自己的食量，並確實遵守絕不飲食過量。

事實上要創造、維持身體健康，並不需要大量的飲食。飲食的事，自己應該知所節制，千萬不可暴飲暴食。

最近最怕有人來邀吃飯

多勞動自然會產生食慾

「或許是疲勞過度吧！最近一點食慾也沒有。每天晚上最怕的是要去吃飯應酬……。」

他一邊撫摸著肚子，一邊愁眉苦臉地說。

人，一旦沒有了食慾，首先就會對工作造成影響。沒有食慾的人，他的集中力、熱忱、工作執著心和說服別人的能力都會相對地減弱，當然，這種人很難會有好的表現。

更嚴重的情形是，會使人的思想行爲變得消極，行動沒有持續力、沒有耐心，容易輕易地放棄目標。因此，有這種現象的人不能說是健康的人。

法國的軍事家──拉柯諾說：「運動會促進食慾，而食慾也會促進運動。」

總之，我們每天都應該腳踏實地，努力工作。只要全力以赴，自然就會產生食慾。食慾是產生在勞動之中。

最近心情總是很消沈

首先要從心理的整備做起

「最近心理一直都覺得很消沈，不管做什麼事都很不順……。」一直都沈浸在消沈的情況中的人，這樣地說。

會造成情緒低沈的原因有很多，其中有一項比較抽象但影響結果比較嚴重的原因是——疏忽、不在意。換句話說，就是來自個人心理的消沈。

不過這種起因只要平時多加用心，就可以預防的。

日本的學者——佐藤一齋說：「在無病之時慎防疾病則可無病，在無禍之時嚴戒招禍則可無禍。」

因此，在平時，千萬不可以做出那些足以打擊個人志氣的事情。

萬一發覺自己已經有意氣消沈的現象，最好的自救之道是，重新加強心理的整備。

最近總提不起以往的工作熱情

先診斷個人的心理是否健康

「最近身體的健康跟以前並沒有太大的改變，可是，就是激發不出類似以往那樣的工作熱情。」

當健康檢查的結果告訴他跟以前一樣健康時，他百思不解的這樣說。在這種情況時，這位仁兄的病是在他的心，而不是在他的身體上。心理的疾病往往都是在人不注意的時候，急速地蔓延擴大著。

而且，醫生是沒有辦法醫治心理的疾病。日本的詩人——吉田兼好說：「人之疾病，太多由心而生，外來的疾病反而少。」

心理的疾病，必須是自己才能找出，同時也唯有自己才有辦法醫好。先回想以往自己心理完全健康時的處事情景，來和目前的行爲做比照，找出其中的不同點，並加以改進。也就是要先努力做心理的健康診斷。

昨晚，大概喝得太過份了吧！

喝酒應該要適量

「昨夜好像喝得太多了吧！早上起來，胃腸裡的感覺很不舒服，而且頭也痛得要命……。」

早晨醒來會反省昨夜醉酒的事，可是一到晚上，朋友一邀就又去乾一杯的人，似乎不少

事實上，喝酒並不是什麼壞事。可是，喝酒也跟其他的事情一樣，是必須適可而止。人對酒各有其適量，一旦超過了限度，喝酒就傷害到身體。

大乘經典的『法華經』中，有一句話說：「一杯是人喝酒，二杯是酒喝酒，三杯是酒喝人。」

對常有交際應酬的生意人來說，喝酒的機會絕對不少。可是，爲了要避免飲酒傷身的悲劇，在無可避免的交際應酬中喝酒應該要有節度。

喝酒能自我節制，則所喝的每一杯酒都將是很甜蜜、愉快的美酒。

最近體重突然急遽增加……
要自我控制體重

「或許是最近吃得太多吧！要不然怎麼突然間體重急遽地增加……。」看到自己快速地胖起來，不免有所擔心。

能夠盡情地享受豐富美味的食物，固然可喜，可是無論如何，吃東西還是應該要適量。

如果一個人的飲食生活能夠注意攝取均衡均量的食物，就應當不會發生過份肥胖的結果。同時，自己也應該了解個人的標準體重爲何。

法國的作家——畢耶魯說：「對飲食的節制是吾人肉體健康的保證；對與人交際的節制是永保靈魂平靜的保證。」

身體過份肥胖，很容易產生疾病。

因此，用心來控制體重，注意均衡的飲食，是非常重要的。

畢竟，要減輕體重並不容易。

想想自己既沒錢財又沒才能……

要活用健康

「我是一個既沒有財產又沒有才能，一無所有的人，今生今世恐怕難有所成……。」

有些人就是對自己的人生從不感到樂觀。

可是，人生根本就用不著悲觀。爲什麼呢？因爲，每一個人都擁有一份很大的財產。

那就是叫做「健康」的財產。

日本的蘭學家——西周說：「人生有三寶，一是健康，二是知識，三是財富。」

一個人如果身心都健康，則不論什麼事都可以去從事，其餘的，就只要看努力的多寡而定。

好好地利用健康這個財富，然後只要持續不斷地積極努力，則人生的第二寶和第三寶，自然而然地就會落到個人的手中。

星期一早上總是令人覺得討厭

重新調整假日的休假方式

「啊！一個痛苦而又漫長的一個星期又開始了，日子真是令人厭煩……。」

每到星期一的早上，在辦公室裡經常可以聽到這種哀嘆聲。

雖然明明才放假休息了二天，可是星期一，一到公司許多人還是面帶倦意。放假天要做什麼，這是個人的自由，可是最好要避免使自己過份勞累，而把疲勞延續到隔天上班的時候。

同時，既然是到公司去上班，就應該避免一大早就顯得倦容滿面。日本的評論家——德富蘇峰說：「睡覺是爲了要再起床，休息是爲了要再勞動。」

放假休息應該不純粹是爲了要盡情遊樂而有的。利用假日消除以前所累積的疲勞，這對一位現代人來說是件非常重要的事。

重新檢討假日休假的方法，是有其必要的。

朋友發生了車禍……

開車前先檢視心思

「沒想到從來都非常遵守交通規則的他，竟然發生了車禍……。但願他能早日康復。」

聽到朋友發生車禍而住進了醫院的消息，有人這樣關心地說。

只要是開車的人，一定都有發生這種事故的可能性。可是萬一事故果真發生了，事實上都絕不可能是那種擦傷破皮的情況。

因此，不管是經驗再豐富，開車的技術再好，開車時一定要小心。

『淮南子』一書有一句話說：「善泳者，溺，善騎者，墮。」

開車時，絕對不可疏忽大意。車禍一旦發生，除了當事者以，外周圍的人也都跟著痛苦。開車之前，最好先檢視一下自己的心思。

真希望自己能夠馬上瘦下來

減肥是必須要有限度

「啊！每次的減肥都怎麼也沒有辦法達到自己的理想。好！這次一定無論如何要徹底地做一下……。」

話是這麼說，可是看她的身材，並不是那種非減肥不可的樣子。

減肥與否，事實是個人的自由，別人根本無權過問。可是，問題是有人爲了減肥，卻無所不用其極地，使用一些激烈的方法，這可就不行了。

例如，突然大幅度地縮減飲食，或者是藉用藥物來減肥等，這些都是不應該的。

『論語』中有句話說：「過猶不及。」

激烈的減肥方式，最後會導致損害自己身體的健康。甚至有人曾經因此得了厭食症，最後甚至喪失了寶貴的生命。

自己的健康狀態是要自己把握，但是不必要的減肥行爲應該要避免。

大展出版社有限公司 品冠文化出版社	圖書目錄
地址：台北市北投區(石牌) 致遠一路二段 12 巷 1 號 郵撥：0166955～1	電話：(02)28236031 28236033 傳真：(02)28272069

・生活廣場・品冠編號 61

1.	366 天誕生星	李芳黛譯	280 元
2.	366 天誕生花與誕生石	李芳黛譯	280 元
3.	科學命相	淺野八郎著	220 元
4.	已知的他界科學	陳蒼杰譯	220 元
5.	開拓未來的他界科學	陳蒼杰譯	220 元
6.	世紀末變態心理犯罪檔案	沈永嘉譯	240 元
7.	366 天開運年鑑	林廷宇編著	230 元
8.	色彩學與你	野村順一著	230 元
9.	科學手相	淺野八郎著	230 元
10.	你也能成為戀愛高手	柯富陽編著	220 元
11.	血型與十二星座	許淑瑛編著	230 元
12.	動物測驗—人性現形	淺野八郎著	200 元
13.	愛情、幸福完全自測	淺野八郎著	200 元
14.	輕鬆攻佔女性	趙奕世編著	230 元
15.	解讀命運密碼	郭宗德著	200 元

・女醫師系列・品冠編號 62

1.	子宮內膜症	國府田清子著	200 元
2.	子宮肌瘤	黑島淳子著	200 元
3.	上班女性的壓力症候群	池下育子著	200 元
4.	漏尿、尿失禁	中田真木著	200 元
5.	高齡生產	大鷹美子著	200 元
6.	子宮癌	上坊敏子著	200 元
7.	避孕	早乙女智子著	200 元
8.	不孕症	中村春根著	200 元
9.	生理痛與生理不順	堀口雅子著	200 元
10.	更年期	野末悅子著	200 元

・傳統民俗療法・品冠編號 63

1.	神奇刀療法	潘文雄著	200 元

2.	神奇拍打療法	安在峰著	200元
3.	神奇拔罐療法	安在峰著	200元
4.	神奇艾灸療法	安在峰著	200元
5.	神奇貼敷療法	安在峰著	200元
6.	神奇薰洗療法	安在峰著	200元
7.	神奇耳穴療法	安在峰著	200元
8.	神奇指針療法	安在峰著	200元
9.	神奇藥酒療法	安在峰著	200元
10.	神奇藥茶療法	安在峰著	200元

・彩色圖解保健・品冠編號 64

1.	瘦身	主婦之友社	300元
2.	腰痛	主婦之友社	300元
3.	肩膀痠痛	主婦之友社	300元
4.	腰、膝、腳的疼痛	主婦之友社	300元
5.	壓力、精神疲勞	主婦之友社	300元
6.	眼睛疲勞、視力減退	主婦之友社	300元

・心 想 事 成・品冠編號 65

1.	魔法愛情點心	結城莫拉著	120元
2.	可愛手工飾品	結城莫拉著	120元
3.	可愛打扮&髮型	結城莫拉著	120元
4.	撲克牌算命	結城莫拉著	120元

・法律專欄連載・大展編號 58

台大法學院　　法律學系／策劃
法律服務社／編著

1.	別讓您的權利睡著了(1)	200元
2.	別讓您的權利睡著了(2)	200元

・武 術 特 輯・大展編號 10

1.	陳式太極拳入門	馮志強編著	180元
2.	武式太極拳	郝少如編著	200元
3.	練功十八法入門	蕭京凌編著	120元
4.	教門長拳	蕭京凌編著	150元
5.	跆拳道	蕭京凌編譯	180元
6.	正傳合氣道	程曉鈴譯	200元
7.	圖解雙節棍	陳銘遠著	150元
8.	格鬥空手道	鄭旭旭編著	200元

9.	實用跆拳道	陳國榮編著	200 元
10.	武術初學指南	李文英、解守德編著	250 元
11.	泰國拳	陳國榮著	180 元
12.	中國式摔跤	黃　斌編著	180 元
13.	太極劍入門	李德印編著	180 元
14.	太極拳運動	運動司編	250 元
15.	太極拳譜	清・王宗岳等著	280 元
16.	散手初學	冷　峰編著	200 元
17.	南拳	朱瑞琪編著	180 元
18.	吳式太極劍	王培生著	200 元
19.	太極拳健身與技擊	王培生著	250 元
20.	秘傳武當八卦掌	狄兆龍著	250 元
21.	太極拳論譚	沈　壽著	250 元
22.	陳式太極拳技擊法	馬　虹著	250 元
23.	二十四式 三十二式 太極 拳 劍	闞桂香著	180 元
24.	楊式秘傳 129 式太極長拳	張楚全著	280 元
25.	楊式太極拳架詳解	林炳堯著	280 元
26.	華佗五禽劍	劉時榮著	180 元
27.	太極拳基礎講座：基本功與簡化 24 式	李德印著	250 元
28.	武式太極拳精華	薛乃印著	200 元
29.	陳式太極拳拳理闡微	馬　虹著	350 元
30.	陳式太極拳體用全書	馬　虹著	400 元
31.	張三豐太極拳	陳占奎著	200 元
32.	中國太極推手	張　山主編	300 元
33.	48 式太極拳入門	門惠豐編著	220 元
34.	太極拳奇人奇功	嚴翰秀編著	250 元
35.	心意門秘籍	李新民編著	220 元
36.	三才門乾坤戊己功	王培生編著	220 元
37.	武式太極劍精華 +VCD	薛乃印編著	350 元
38.	楊式太極拳	傅鐘文演述	200 元
39.	陳式太極拳、劍 36 式	闞桂香編著	250 元

・原地太極拳系列・大展編號 11

1.	原地綜合太極拳 24 式	胡啟賢創編	220 元
2.	原地活步太極拳 42 式	胡啟賢創編	200 元
3.	原地簡化太極拳 24 式	胡啟賢創編	200 元
4.	原地太極拳 12 式	胡啟賢創編	200 元

・名師出高徒・大展編號 111

1.	武術基本功與基本動作	劉玉萍編著	200 元
2.	長拳入門與精進	吳彬　等著	220 元

國家圖書館出版品預行編目資料

這趟人生怎麼走／李奕盛編著
－初版－臺北市，大展，民 90
面；21 公分－（社會人智囊；60）
ISBN 957-468-101-7（平裝）

1. 生活指導

177.2　　　　　　　　　　　　　90016721

這趟人生怎麼走

ISBN 957-468-101-7

編 著 者／李　奕　盛
發 行 人／蔡　森　明
出 版 者／大展出版社有限公司
社　　址／台北市北投區（石牌）致遠一路 2 段 12 巷 1 號
電　　話／(02) 28236031・28236033・28233123
傳　　真／(02) 28272069
郵政劃撥／01669551
登 記 證／局版臺業字第 2171 號
承 印 者／高星印刷品行
裝　　訂／日新裝訂所
排 版 者／千兵企業有限公司
初版1刷／2001 年（民 90 年）11 月

定　價／200 元

大展好書 好書大展

大展好書 好書大展